부교역자 리더십

부교역자 리더십

지은이 | 진재혁
초판 발행 | 2017년 6월 19일
3쇄 발행 | 2020. 3. 26.
등록번호 | 제1988-000080호
등록된 곳 | 서울특별시 용산구 서빙고로65길 38 두란노빌딩
발행처 | 사단법인 두란노서원
영업부 | 2078-3352   FAX 080-749-3705
출판부 | 2078-3331

책 값은 뒤표지에 있습니다.
ISBN 978-89-531-2902-3   03230

독자의 의견을 기다립니다.
tpress@duranno.com   http://www.Duranno.com

두란노서원은 바울 사도가 3차 전도여행 때 에베소에서 성령 받은 제자들을 따로 세워 하나님의 말씀으로 양육하던 장소
입니다. 사도행전 19장 8-20절의 정신에 따라 첫째 목회자를 돕는 사역과 평신도를 훈련시키는 사역, 둘째 세계선교(TIM)
와 문서선교(단행본·잡지) 사역, 셋째 예수문화 및 경배와 찬양 사역, 그리고 가정·상담 사역 등을 감당하고 있습니다.
1980년 12월 22일에 창립된 두란노서원은 주님 오실 때까지 이 사역들을 계속할 것입니다.

부교역자를 위한
현실적 조언

부
고역
자리더십

진재혁
지음

두란노

목차

부자의 '오늘'이
교회의 '내일'이다

　나는 부(교역)자 리더십 세미나를 수년간 인도하면서 그들의 목마름과 눈물을 보았다. 그런데 그들의 목마름과 눈물은 사역이 힘들고 어렵기 때문이 아니었다. 건강하고 모범이 될 만한 목회자로 자신을 인도해 줄 담임목사의 리더십 부재가 그 원인이었다. 부교역자의 고충을 헤아리면서도 그들 자신이 리더임을 자각하고 리더십을 잘 발휘하도록 하기 위해 그동안의 세미나 내용을 책으로 엮기로 했다.

　목사와 전도사의 차이가 무엇일까? 어떤 이는 우스갯소리로 '100만 원' 차이라고 이야기한다. 그러나 나는 그 질문에 '불과 몇 년'이라고 답하고 싶다.

　'부자'의 실제적 리더십이 나타나는 '지금'이 중요한 것은 미래에 펼쳐질 리더십의 영향력은 '내일'이기 때문이다. 이는 건강한 목사 한 명이 곧 또 하나의 건강한 교회가 된다는 의미다. 오늘 부자의 리더십이 내일의 교회가 된다는 얘기다.

　부자는 담임목사의 리더십 아래 다른 부교역자들과 함
께 동역하며 자기에게 맡겨진 영혼들과 주어진 사역을 위해
리더십을 발휘하는 목회자다. 그러므로 하나님이 부르신 소
명 중에 맡기신 사명을 향해 달려가기 위해 부자의 리더십
은 하나님 나라에 지대한 영향을 끼칠 수 있다. 이 책이 부
자 리더십의 실제와 방향을 담고 있다.

　부(교역)자여!

　　일어나라 빛을 발하라 이는 네 빛이 이르렀고 여호와의
　　영광이 네 위에 임하였음이니라 사 60:1

Chapter **1**

부자,
누구인가?

부교역자의
딜레마

심방 가서 먼저 도착한 부목사에게 성도가 질문한다. "우리 목사님은 언제 오세요?" 부목사도 어엿한 목사이거늘 성도들은 때로 담임목사만 목사인 듯이 말한다. 부교역자(부사역자)의 부는 버금 부(副)를 사용한다. 으뜸 바로 다음이라는 의미로 '돕는다'는 뜻이다. 영어로는 'second'다.

일반적으로 교단법에서 부목사는 담임목사를 보좌하

는 자리로 임기는 1년이며 연임할 수 있다. 임기가 1년이라니 부교역자에 대한 대우가 실로 안타깝다.

하지만 부교역자야말로 훌륭한 담임목사가 되기 위해 지나가야 할 훈련의 과정이 아닌가? 아니 설사 담임목사가 되지 않는다 해도 사역의 현장에서 함께 사역을 감당하는 팀, 중요한 동역자가 아닌가? '지금'도 중요하고 '미래'에도 중요한 그들이 겪는 고독한 딜레마를 들어 보자.

중간에 낀 샌드위치다

부교역자의 딜레마를 한마디로 표현한다면 진퇴양난 (進退兩難)이다. 담임목사와 성도 사이에 끼어서 이러지도 못하고 저러지도 못하는 샌드위치 신세다. 중간에서 말도 제대로 못하고, 양쪽에 치여 억울한 일을 당하기도 한다. 담임목사는 계속해서 푸시(push)하지만 사역 현장에서는 그것을 실행하기 힘들다는 반응을 보일 때 부교역자가 받는 스트레스는 상당할 수밖에 없다. 담임목사에게 혼나고 성도들에게 한소리 듣고, 때로 자기가 하지 않은 일에 대해서도 책임을 져야 할 때도 있다.

담임목사를 존경할 수가 없다

부교역자의 또 다른 딜레마는 담임목사를 도무지 존경할 수 없다는 것이다. 이게 무슨 말인가? 아마도 부교역자라면 굳이 설명하지 않아도 고개를 끄덕일 것이다. 흔히 밖에서 칭찬받는 남편을 둔 아내가 자주 하는 말이 있다.

"당신이 한 번 살아 보세요. 그런 말이 나오는지…."

교회에서도 마찬가지다. 일주일에 한두 번, 그것도 예배 후에 잠깐 인사를 나누는 정도로 만나는 성도에게 담임목사는 참 좋은 분이다. 하지만 담임목사를 지근거리에서 직접 겪는 부교역자로선 성도들의 평가를 인정하기가 쉽지 않다. 특전사 출신의 어느 담임목사는 부교역자가 실수하면 정강이를 걷어찬다고 한다. 또 어떤 담임목사는 화가 나면 전도사에게 서류를 던지거나 심지어 꽃병까지 집어던진다고 한다.

신학교에서 학생들을 가르치면서 들은 부교역자들의 고충은 이루 다 말할 수가 없다. 교회 안에서도 보이지 않는 갑질이 존재하는 것이다. 이런 비인격적인 대우를 받는데 부교역자들이 어떻게 담임목사를 존경할 수 있겠는가.

그러나 문제는 그리 간단하지 않다. 성도들에게 비쳐지는 모습과 달리 비인격적이고 부정직한 담임목사의 실상을 안 이상 존경으로 따를 수 없지만, 그렇다고 성도들에게 실상을 폭로할 수도 없고 담임목사에게 칼을 뽑을 수도 없다. 가만히 있자니 속에서 열불이 나고, 들이받자니 후환이 두렵다. 부교역자들이 겪는 스트레스요 딜레마다.

운전, 청소, 비서… 다 내 몫이다

교회 규모도 다 다르고 따라서 교회마다 부교역자에게 요구하는 역할도 다 다르다. 하지만 어떤 교회든, 특히 규모가 작은 교회일수록 부교역자에게 요구하는 것이 참 많다. 맡겨진 파트 외에도 행정 업무는 기본이고 운전, 청소, 비서 등의 일도 감당해야 한다. '한국교회 부교역자를 생각하다'라는 주제로 열린 '2015 교회의 사회적 책임 심포지엄'의 자료집에 의하면, 부교역자들은 하루 평균 11시간 넘게 일하면서 절반이 넘는 수가 월요일 휴무조차 제대로 보장받지 못한다고 한다. 어디 그뿐인가. 교회의 크고 작은 일에 구멍이 생기면 부교역자가 불려 가 그 일을 대신해야 한다. 담임목사가 시키면 할 수밖에 없다. 또 그 모든 게 부교역자의 몫인 것 같다. 부교역자의 비애이자 또 다른 딜레마다.

리더로서 변화의 주체가 될 수 없다

바둑이나 장기처럼, 내가 직접 할 때보다 옆에서 훈수 둘 때 더 잘 보이는 것들이 있다. 목회도 예외는 아닌 것 같다. 담임목사는 보지 못하는 것을 부교역자가 잘 볼 때가 있다. 현장에서 성도들을 살피고 상황을 관찰하면서 얻는 혜안이다.

'아니, 저걸 왜 못하지? 이렇게 하면 될 텐데….'

하지만 부교역자는 답을 알면서도 그것을 쉽사리 내뱉지 못한다. 변화의 필요성을 절감하고 그에 대한 당위성과 정확성을 확신하면서도 부교역자 신분으로는 아무것도 할 수 없다는 걸 알기 때문이다. 멋모르고 나섰다간 낭패 보기 십상이다. 싸늘한 시선과 맞서야 하거나 괘씸죄에 걸려 고난을 당하기도 한다. 리더로서 변화의 주체가 될 수 없으므로 부교역자는 자신의 능력을 100퍼센트 발휘하지 못한다. 담임목사든 성도든 한쪽에서 조용히 그리고 묵묵히 일을 감당하기를 요구하기 때문이다.

비전을 공유하기 힘들다

툭 터놓고 비전을 공유할 수 없을 때도 부교역자는 딜

레마에 빠진다. 교회의 비전, 담임목사의 비전이라는데 아무리 뜯어봐도 성경적이지 않다. 비전이라기보다 담임목사의 개인적 욕심에 가깝다는 생각을 떨쳐버릴 수가 없다. 그럼에도 부교역자는 그런 얘기를 못한다. 그렇다고 그 비전을 공유하자니 도저히 신앙적 양심이 허락지 않는다.

담임목사의 비전이 자신의 비전과 너무 거리가 멀 때 또는 담임목사가 아예 비전이 없는 경우에도 부교역자는 갈등하게 된다. '내가 여기 있어야 하나? 이곳에서 계속 사역하는 게 옳은가?'라는 생각을 하면서 괴로워하는 것이다.

언제까지 이러고 있어야 하나

부교역자의 길에 들어선 지 얼마 되지 않은 사람은 이런 생각이 덜할지도 모르겠다. 그런데 5년이 지나고 10년이 되고, 30대를 넘어 40대 가까이 접어들면 불안과 초조함이 찾아든다. 시간은 자꾸 흐르고 내가 지금 여기서 뭘 하고 있나, 언제까지 이러고 있어야 하나, 앞으로 나아가야 할 바는 무엇인가, 고민이 되지만 앞이 보이지 않는 것이다. 지금 있는 곳이 편하긴 한데 이대로 있어서는 안 될 것 같고, 그렇다고 뭔가를 하자니 두려움과 걱정이 앞선다. 장래에 대한 불확실성이 부교역자들을 딜레마에 빠뜨리는 것이다.

여성 사역자의 경우 목사 안수를 받느냐, 그냥 전도사로 남느냐를 고민한다. 목사 안수를 받자니 교단적인 문제도 있고, 안수를 받자니 지금 교회에서 지속적으로 사역할 수 있는지, 교회를 떠나 새로운 사역지를 찾아야 하는지, 아니면 개척을 해야 하는지, 여러 가지 변수를 고려하면 결정하기가 쉽지 않다.

벌써 오래전의 일이다. 총신대학교에서 초빙교수로 학생들을 가르치면서 파트타임으로 지구촌교회의 영어예배를 섬긴 적이 있다. 지구촌교회의 아름다운 전통 중 하나는 특별새벽기도회 때 모든 교역자가 주차 사역을 담당하는 것이다. 그날도 주차 봉사를 위해 새벽 4시에 지하 6층 주차장으로 갔다. 재킷을 입고 주차봉을 들고 봉사를 하던 중 불현듯 이런 생각이 들었다.

'내가 지금 여기서 뭐 하고 있지? 외국에서 박사학위도 받고, 선교사도 하고, 교수에 목회도 하고 있는데 지금 여기서 주차 봉사 하는 게 맞나? 나는 정말 하나님의 부르심을 받은 건가? 이게 목회인가? 이게 목사가 할 일인가?'

예고 없이 날아든 위기였다. 하지만 뒤이어 그런 내 마음을 다독거리는 주님의 손길을 느낄 수 있었다.

'아, 하나님께서 지금 나를 훈련시키시는 거구나. 훗날 내가 담임목사가 되어도 이 마음을 잃지 말고 겸손하게 더 낮은 자세로 섬겨야지.'

자칫 시험에 들 수도 있었지만 나는 하나님의 은혜로 그 시간을 지혜롭게 넘길 수 있었다. 여러 가지 딜레마에 빠져 있는 이 땅의 수많은 부교역자도 주님의 도우심으로 그 것들을 잘 극복할 수 있기를 바란다.

부교역자의
착각

때로는 '지금 내가 여기서 뭘 하고 있나. 언제까지 이러
고 있어야 하나…' 하며 고민도 되고 딜레마에 빠지기도 하
지만 부교역자들이 하는 착각도 있다.

담임목사가 되면 그때 제대로 할 것이다

'지금은 내가 별 볼일 없고 여러 가지 일을 하느라 분주하지만 담임목사만 되면 정신 똑바로 차리고 집중해서 확실하게 할 것이다.'

'내가 담임목사가 되면 최소한 일주일에 스무 시간은 설교 준비를 할 것이다.'

'내가 담임목사가 되면 하나님 말씀을 더 깊이 연구하고 가르칠 것이다.'

'내가 담임목사가 되면 말씀과 기도에 집중해서 더 영적인 사람이 될 것이다.'

부교역자들이 하는 흔한 착각이다.

지금 하지 못하면 앞으로도 하지 못한다는 말이 있다. 담임목사가 되면 부교역자 때보다 더 바쁘고 더 피곤하고 더 힘들다. 성경 볼 시간도 더 부족하고, 설교 준비할 시간도 더 모자란다. 단언컨대 지금 훈련되지 않고 지금 습관화되지 않으면 나중에도 하기 힘들다. 그때 가면 더 잘할 수 있다거나 그때 가면 제대로 할 거라는 야무진 꿈은 일찌감치 깨는 게 좋다. 날고뛴다던 부교역자들도 막상 나가서 개척하거나 청빙을 받아 담임 목회를 하게 되면 금세 어려움에 직면한다.

하루는 우리 교회 부목사님 중에서 청빙을 받아 담임으로 간 분이 나를 찾아와서 이렇게 토로했다.

"목사님, 저는 설교만 잘하면 다 잘 되는 줄 알았어요. 그런데 목회는 그게 아니더라고요."

그렇다. 생각과 현실은 너무나 다르다.

나는 부목사 스타일이 아니다

스스로 나는 부목사 스타일이 아니라고, 나는 담임목사 감이라고 생각하는 것이다. 그런데 실상은 그렇지 않다. '나는 이런 곳에 있을 사람이 아니야'라는 생각을 가지고 목회를 하면 결국 그 목회는 하나님께 쓰임 받지 못하게 된다. '나는 강남 스타일이야. 나는 강남에서 목회를 해야지 이곳은 나와 안 맞아'라고 생각하는 부목사도 있는데 그런 생각으로 목회를 잘할 리 만무하다. 내가 나가서 교회를 개척하면 성도들이 알아서 몰려 올 것으로 생각하지만 현실은 그렇지 않다. 내가 담임목사만 되면 제대로 잘할 줄 알지만 실상은 그렇지 않다.

내가 담임목사라면 그렇게 하지 않을 것이다

배움에는 끝이 없는 것 같다. 가정에서 시작된 교육은 유치원, 학교, 학원, 교회, 직장 등으로 이어진다. 비단 지식을 습득하는 것만을 말하는 게 아니다. 우리는 때로 어떤 사람의 말이나 행동을 보고 배우기도 한다. 닮고 싶은 모델을 찾아 따라 하기도 하고, 저 사람처럼은 되지 말아야지 다짐하기도 한다.

부교역자들의 세계에서도 그렇다. '내가 담임목사라면 나는 절대로 저렇게 하지 않겠다'는 생각을 할 때가 많다. 물론 배우려는 자세로 그런 것들을 인식하고 인정하는 것은 좋은 일이다. 그러나 내가 담임목사가 된다고 해서 그런 일이 자연스럽게 이루어질 거라는 생각은 대단한 착각이다. 나는 저렇게 하지 않고 이렇게 할 거라고 생각할지 모르지만, 막상 그 입장이 되면 그때는 보이지 않던 것들이 보이게 되고, 상황의 복잡함 속에서 생각한 대로 행동하기가 쉽지 않다는 걸 알게 된다.

나도 부목사 시절에 그런 경험을 했다. 담임목사님이 장로님들과의 관계에서 어려움이 많았는데, 그 모습을 보면서 생각했다.

'왜 담임목사님은 저분들과 좋은 관계를 갖지 못할까?

장로님들을 위해서 기도하고 심방 가서 용서를 구하고 안아 주고 사랑하면 저분들도 다 풀어질 텐데…. 그러면 장로님들과 좋은 관계 속에서 목회를 잘할 수 있지 않을까? 나는 담임목사님처럼 하지 말아야지.'

그런데 막상 내가 담임목사가 되어 관계가 껄끄러운 장로들을 만나니, 그때의 생각처럼 행동하기가 쉽지 않았다. 그렇게 해야 된다는 것은 알지만 마음이 내키지 않았다. 먼저 다가가고, 먼저 팔을 벌리고 싶지 않았다. 그때 깨달았다. 그게 쉬운 일이 아니라는 것을.

이런 일도 있었다. 내가 처음으로 담임목사로 청빙 받아 부임한 교회는 굉장히 어려운 상황에 있었다. 전임 목사와 성도들 사이에서 힘든 일을 겪은 후였다. 부임한 지 얼마 되지 않았을 무렵 교회 리더들이 내게 말했다.

"목사님, 전에 계시던 목사님은 금요일 저녁 당회에서 받은 상처를 다음 날 새벽기도회 때 쏟아 놓곤 했어요. 성도들의 잘못을 지적하거나 자신이 열 받고 화난 것을 쏟아 놓는 거죠. 그런 얘기 듣고 있으면 우리가 얼마나 화가 나는지…. 아니, 목사님만 강단에 올라갈 수 있다고 그럽니까? 우리도 할 말이 얼마나 많은데요."

얘기를 다 듣고 난 뒤 나는 이렇게 대답했다.

"목사가 그러면 되나요. 참아야죠. 강단에서 하나님 말씀을 증거해야지 자기감정을 그런 식으로 풀면 안 되지요."

그러던 어느 날 똑같은 일이 내게도 벌어졌다. 금요일 회의 시간에 얼마나 상처를 받았는지 '인간들이 어떻게 이럴 수가 있어?' 하는 생각이 들었다. 그리고 토요일 새벽기도회에 섰는데 입이 얼마나 근질근질하던지. 아마도 전임 목사 얘기를 듣지 않았다면 나도 똑같이 내 감정을 쏟아 놓았을 것이다. 하지만 그날 새벽 이를 악물고 참았다. 그때 뼈저리게 느꼈다. 직접 당해 보지 않은 일을 얼마나 쉽게 판단하고 평가했는지, 정작 내가 그 입장이 되면 그들과 다르게 행동하기가 쉽지 않다는 것을…. 그 사건은 나를 다시 한번 돌아보는 계기가 되었다.

담임목사가 되면 당연히 잘할 것이다

부교역자들은 '내가 담임목사가 되면 당연히 다 잘될 것이다'는 착각을 한다. 그들이 이런 착각을 하게 된 데에는 성도들도 일조한다고 본다. 사실 대부분의 성도들은 부교역자를 아주 좋아하지도 않지만 아주 싫어하지도 않는다. 괜히 싫어할 필요도, 좋아할 필요도 못 느낀다. 그냥 나이스

(nice)한 관계를 유지하는 것이다. 하지만 담임목사에 대해서는 다르다. 아주 좋아하든지 굉장히 싫어하든지 둘 중 하나다. 겉으로 싫어한다는 성도들도 그 속을 들여다보면 진짜로 싫다기보다 오히려 담임목사에게 더 많은 관심과 사랑을 받고 싶어서 그럴 경우도 있다. 한마디로 담임목사에게 삐친 것이다. 그럴 때 성도들이 자주 찾아가는 사람이 바로 부교역자다. 자신의 속마음은 감춘 채 담임목사에 대한 안 좋은 얘기를 먼저 꺼내고, 나중에 앞에 앉은 부교역자를 칭찬하는 말을 슬쩍 얹는다. 칭찬은 고래도 춤추게 한다고 그 얘기를 듣는 부교역자는 어느덧 귀가 솔깃해지고 어깨가 으쓱해진다. 그러면서 "암요. 그건 잘못된 거죠. 담임목사님이 그러면 안 되지요"라고 반응하기 쉽다.

그런데 성도들이 그것을 다 기억하고 있다는 걸 아는가? 뿐만 아니라 나중에는 그것을 거꾸로 이용한다는 사실을. 어찌됐건 이 같은 성도들 때문에 많은 부교역자가 '내가 나가서 개척하면 우리 교회 반은 따라올 거야'라는 착각에 빠지지만, 실제로 개척해 보면 아무도 안 따라 나온다. 일장춘몽(一場春夢)인 것이다.

선거철이면 어김없이 후보자들이 교회로 인사를 하러 온다. 개중에는 때마다 출마하는데 매번 안 되는 이들이 있다. 그때마다 나는 그들에게 묻는다.

"이번에는 좀 어떻습니까?"

재미있는 것은 그들은 한결같이 잘될 거라고 믿는다는 것이다.

"이번에는 될 것 같습니다. 반응이 얼마나 좋은지 몰라요. 참 좋습니다."

그런데 막상 투표 결과를 보면 기대에 턱없이 못 미친다. 본인은 분위기가 좋다며 이번에는 꼭 당선될 거라고 철석같이 믿었는지 모르지만, 뚜껑을 열어 보면 당선 가능성이 전혀 없는, 그야말로 말도 안 되는 착각에 빠져 있었던 것이다. 왜 그럴까? 그들의 자신감은 도대체 어디서 나왔을까? 곰곰이 생각해 보면 답을 찾을 수 있다. 이유는 한 가지다. 자신이 아는 사람들, 다시 말해 자신의 캠프에서 그를 좋아하고 믿고 지지하는 사람들의 반응을 마치 전체 유권자의 반응인 것으로 착각한 것이다.

어떤 게 행복한 목회일까? 처음에는 많은 성도를 목양하는 것, 즉 교회의 크기에 비례할 것이라고 생각했다. 하지만 세월이 지나면서 그에 대한 생각도 바뀌었다. 행복은 크기가 아니라 누구와 함께하느냐에 달렸다는 것을 깨달은 것이다. 나를 인정하고, 나를 신뢰하는 사람들과 함께하는 것이 진정 행복한 목회라는 것을. 아울러 그렇게 되지 않을 때 목회는 무척 힘들고 어려워진다는 것을.

목회는 쉽지 않다. 특히 이미 깨어진 교회의 후임으로 부임하면 더더욱 어렵다. 바닥에 떨어진 목회자에 대한 신뢰를 회복하는 일이 결코 만만치 않다. 더구나 상처가 많은 성도들은 새로운 교역자에게 상처를 돌려 준다. 상처를 받은 사람은 자기가 상처 주는 줄도 모르고 계속 상처를 주게 돼 있는데 당하는 입장에서는 너무 힘들다.

나도 그런 경험을 했다. 그런데 더 힘든 것은 상처를 주는 사람 옆에서 "교회에는 이런 사람도 필요합니다" 하며 그를 두둔하는 사람들이 있다는 것이다. 얼마나 얄미운지 모른다. 나는 그 사람 때문에 힘들어 죽겠는데 그런 소리를 하니 답답해 미칠 지경이다. 그렇다고 성도들에게 그 사람이 나를 힘들게 한다고 애기할 수도 없는 노릇이니 목회자는 벙어리 냉가슴 앓듯 더 괴로워할 수밖에 없다. 그때 속상한 마음을 쏟아 놓을 곳은 하나님밖에 없다. 나는 하나님께 이렇게 기도했다.

"하나님, 제가 다른 것 바라지도 않습니다. 이 교회에서 하나님께서 말씀하신 대로 순종하고 사역 잘하다가 떠날 때 제 소원 하나만 들어주십시오. 제가 떠나는 날 모든 성도가 모인 곳에서 그동안 저를 가장 힘들게 했던 다섯 명의 이름을 공개하고 떠날 수 있게 허락해 주십시오."

정말로 그렇게 하고 싶었다. 그럴 수만 있다면 10년 묵은 체증이 다 내려갈 것 같았다. 그러고 나서 나는 리스트를 만들기 시작했다. '1. 김 장로님 2. 이 권사님 3. 최 집사님….' 그곳에서 6년 동안 사역했고 명단을 공개할 시점이 왔지만 나는 그 리스트를 발표하지 않고 교회를 떠나게 되었다. 결국 소원을 이루지는 못했지만 목회라는 게 그만큼 힘들다는 것을 뼈저리게 체험한 시간이었다.

이런 일도 있었다. 한 성도가 찾아와 자신의 남편이 나한테 삐쳐서 교회에 오지 않는다고 했다. 목사가 어쩌겠는가. 시간을 내어 함께 식사하는 자리를 마련했다. 그런데 그 이유를 들어 보니 너무 기가 막혔다. 내가 자기와 악수하는 중에 딴 사람을 봤다는 것이다. 기억을 더듬어 당시 상황을 떠올려 보니 이랬다. 예배를 마치고 성도들이 쏟아져 나왔고, 나는 문 밖에 서서 그들에게 인사를 하는 중이었다. 그와 악수하는 중에 저쪽에서 다른 성도가 목례를 하고 지나가기에 살짝 본 건데 그게 마음에 걸렸던 모양이다. 목사가 그래도 되느냐고 하는데 논쟁을 할 수도 없어 용서를 구하고 오해를 풀어 주는 수밖에 없었다.

이런 일을 겪고 나면 속이 상해서 하나님께 따지게 된다.

"하나님, 왜 목회라는 것을 만들어서 이렇게 사람을 힘들게 하십니까? 나도 나를 모를 때가 많은데 어떻게 저 많은 사람의 마음과 생각, 그들의 상태와 필요를 알 수 있겠습니까? 주일 한두 시간의 예배를 통해 그들의 필요를 채워 주고 그들의 삶이 변화되는 것을 바라시는 것은 너무 무리한 요구 아닙니까? 차라리 당신께서 직접 하시지 왜 목회라는 걸 만들어서 내게 이런 고생을 시키시는지 도무지 모르겠습니다."

《자네 정말 그 길을 가려나》라는 책이 있다. 목사 안수식이 있을 때마다 내게 설교할 기회가 주어지면 자주 거론하는 책이다. 굳이 책을 읽지 않아도, 제목만으로도 어떤 내용을 담고 있는지 미루어 짐작할 수 있지 않은가. 나는 때로 그들에게 얘기해 주고 싶다. 그 길을 안 갔으면 좋겠다고 말이다.

매주 설교를 해야 하는 담임목사보다 몇 달에 한 번 강단에 서는 부교역자들은 상대적으로 부담감이 훨씬 덜하다. 그에 대한 성도들의 반응도 다를 수밖에 없다. 몇 달 동안 차곡차곡 쌓아 두었던 내공을 집약해서 한꺼번에 터뜨리는 부교역자들에게 좋은 점수를 주는 것이다. 맨날 된장찌개만

먹다가 간만에 파스타를 먹는 셈이라고 할까.

"전도사님, 오늘 설교 좋았어요. 은혜 받았어요."

이것만도 감사하고 어깨가 으쓱해지는데 여기에 한술 더 뜨는 사람들이 있다.

"나는 담임목사님 설교보다 전도사님 설교가 더 좋더라 구요"

이런 얘기를 들으면 부교역자는 "당치도 않습니다. 담 임목사님이 훨씬 뛰어나시지요"라고 말하지만 속으로는 할 렐루야를 외치며 보이지 않게 목에 힘이 들어간다.

다윗과 사울 이야기를 기억할 것이다.

"사울이 죽인 자는 천천이요 다윗이 죽인 자는 만만이라."

다윗은 사울의 부하였기에 사실 다윗이 죽인 자가 곧 사울이 죽인 자다. 백성들이 '사울이 죽인 자는 만 천명'이 라고 하면 좋았을 텐데 지혜가 부족했다. 사울은 자신보다 다윗을 더 칭송하는 백성들을 보며 분별력을 잃고 다윗을 제거하려 했다. 그때부터 다윗은 도망자 신세가 되어 생명 의 위협을 느끼게 되었다. 이 같은 사울과 다윗의 이야기는 담임목사든 부교역자든 또 성도든 지혜롭게 처신하는 것이 무엇인지 다시금 돌아보게 한다.

부교역자의
다른 이름들

　교회에서 누구 못지않게 살신성인(殺身成仁)하는 사람은 부교역자다. 그럼에도 그에 상응하는 대우를 받지 못한다. 과연 부교역자는 누구인가? 그들을 정의하는 이름들을 살펴보자.

부교역자도 사람이다

아주 당연한 얘기지만 부교역자도 사람이다. 성도들은 자기들은 아프면서 교역자들이 아프면 왜 아프냐고 하는데 그들은 강철로 만들어진 존재가 아니다. 그들도 피곤하고 아프다. 또한 부교역자는 시키는 대로 하는 사람이 아니다. 그들도 생각이 있다. 때로는 어디론가 멀리 사라지고 싶고 외롭기도 한 인격체다. 그들에게도 사랑하는 가족이 있고 기다리는 자녀들이 있다. 그들은 동원의 수단도 아니고 성장의 도구도 아니며 교회 행사의 기계도 아니다. 어떤 교회는 부교역자들이 노조를 만들기도 했다는데 부교역자들의 처우가 그만큼 열악하다는 방증이리라. 그러니 누구든지 부교역자라고 막 대하지 말고 인간으로 대접해 주기 바란다.

부교역자도 목회자다

부교역자도 하나님께서 부르신 주의 종이다. 월급 몇 푼 받기 위해서, 생계 때문에 어쩔 수 없이 그 자리에 있는 게 아니다. 수많은 직업 중에서 하나를 고른 것도 아니다. 눈에 보이지 않지만 하나님께서 부어 주시는 은혜가 너무 커서, 자신을 불러 주신 하나님의 사랑에 감사해서 묵묵히 그 길을 걷는 사람들이다. 그리 많지 않은 월급을 받으면서도 부교역자가 그 자리를 지키는 것은 그것이 하나님께서 맡기신 일이기 때문이다. 그냥 허드렛일을 하는 것이 아니라, 하나님께 받은 사명을 감당하는 것이다. 특히 여성 사역자의 경우 때로 권사나 집사보다 못한 대우를 받을 때가 있는데 그들도 목회자다.

부교역자도 동역자다

부교역자는 소모품이 아니라 동역자다. 사실 동역자만큼 함께하는 자들을 잘 아는 사람도 없다. 동역자가 가장 정확한 판단과 평가를 할 수 있다. 담임목사는 지근거리에서 함께 일하는 부교역자들이 제일 잘 안다. 성도들 앞에서는 보여 주고 싶은 모습만 보여 줄 수 있다. 그러나 부교역자 앞에서는 그럴 수 없기에 그들의 평가가 담임목사에 대한 진짜 평가가 될 수 있다.

성도와 담임목사, 부교역자의 관계를 보자. 어떤 담임목사는 성도에게 인정받기 위해 부교역자를 힘들게 한다. 그런가 하면 어떤 담임목사는 성도들과 조금 힘들더라도 부교역자와의 관계를 더 중요하게 여긴다. 동역자의 입장에선

후자가 더 낫다고 생각한다. 특히 여성 사역자는 필요할 때만 동역자이고 중요한 자리에선 동역자로 인정해 주지 않아 목회 현장에서 왕따를 당하는 듯한 느낌을 지울 수 없다. 그래서 무슨 일이 생기면 '내가 여자이기 때문에 그러나?' 하는 생각을 떨칠 수가 없다. 남성이든 여성이든, 부교역자든 담임목사든 그들은 모두 한 배를 탄 동역자임을 잊지 않았으면 좋겠다.

부교역자도 리더다

부교역자도 리더다. 담임이 아니라서 자신은 리더가 아니라고 생각하면 안 된다. 부교역자에게도 엄연히 맡겨진 사람들이 있고, 그를 따르는 사람들이 있다. 리더십을 발휘해 그들을 이끌어 갈 책임이 부교역자들에게 있는 것이다. 부교역자는 성도들에게 많은 영향력, 깊은 영향력을 끼칠 수 있는 리더다. 자신을 이렇게 생각하고 이해하는 것은 부교역자에게 굉장히 중요한 일이다.

부교역자는 소품이 아니라 동역자다

Chapter **2**

리더십이란
무엇인가?

리더십의
패러독스

제임스 번즈(James MacGregor Burns)는 리더십에 대해 이런 이야기를 했다.

"리더십은 세상에서 가장 많이 관찰되지만 제일 적게 이해된다."(Leadership is one of the most observed and least understood phenomena on earth)

많은 사람들이 리더십에 대해 말하지만 정작 '리더십

은 ○○이다'라고 명확하게 정의하고 표현하기는 어렵다. 리더십의 부재가 문제라고 하면서도 정작 우리가 원하고 우리에게 필요한 리더십이 무엇인지 명확한 그림을 그려 내지는 못한다.

지금까지 리더십과 관련된 책만 해도 2만여 권이 출간됐다. 리더십에 관한 연구도 130여 년의 역사를 자랑한다.

지금까지 리더십의 큰 흐름을 간략하게 살펴보자. 학문적으로 리더십 이론을 이야기할 때 제일 처음 등장하는 것이 소위 영웅론이다. 알렉산드로스, 카이사르 등 영웅전에 나오는 위대한 인물들이 어떤 사람이었는가를 연구하는 것이다. 다시 말해 '무엇이 저 사람들을 영웅으로 만들었는가?'라는 질문에 답을 찾는 과정이라 할 수 있는데, 이때 대두된 것이 특성론이다.

특성론은 말 그대로 위인들의 삶의 특성을 잡아 보자는 것이다. 즉 리더가 될 수 있는 특성이 무엇인지 알아보는 것이다. 1904년부터 이에 따른 이론들이 많이 등장하기 시작했는데, 예를 들어 어떤 학자는 리더는 '눈이 다르다'고 했고 또 어떤 학자는 '목소리가 다르다'고 했고 또 다른 학자는 '키가 크다'고 했다.

하지만 곧 특성론의 한계가 드러나자, 1948년에 행동론이 등장했다. 리더의 행동을 과학적으로 연구해 보면 리더십을 더 잘 이해할 수 있지 않겠느냐는 것이다. 그때 나온 개념이 '일 중심의 리더'와 '관계 중심의 리더'다.

시간이 지나면서 여기에도 문제점이 발견되었다. 리더가 처한 상황에 따라 리더십이 달라지더라는 것이다. 따라서 단순히 리더의 행동만 가지고는 알 수 없고, 리더가 처한 상황까지도 연구해야 한다는 게 1967년에 등장한 상황론이다.

1980년대 이후에는 상황만 가지고도 안 되고, 리더의 경험과 조직의 역사, 따르는 사람들의 성격 등을 종합적으로 살펴봐야 한다고 주장하기 시작했다. 이때 등장한 것이 스티븐 코비(Stephen Covey) 등이 주장한 가치 중심의 리더십이다.

그럼에도 여전히 누구나 동의할 수 있는 리더십에 대한 명확한 이해는 나오지 않고 있다. 이것이 바로 리더십의 패러독스다.

또 한 가지, 우리는 리더십 하면 단 한 명의 최고 리더만을 생각한다. 물론 최고 리더의 중요성을 부인할 수 없다. 그러나 정작 리더십의 열매가 이루어지는 영역은 최고 리더의 사무실이 아니라 많은 부서와 사역과 팀의 현장에서다. 그러므로 최고 리더의 리더십뿐만 아니라 소위 중간 리더의 리더십이 얼마나 중요한지 모른다.

중간 리더들이 그들의 위치에서 효율적이고 파워풀한 리더십을 제대로 발휘해 준다면 공동체는 많은 변화와 성장의 열매를 거둘 수 있을 것이다. 따라서 담임목사의 리더십이 모든 것을 좌우하는 것 같지만 실제로는 부교역자의 리더십 역량이 결과를 창출하는 중요한 영향력이 된다. 이것이 바로 부교역자 리더십의 패러독스다.

그러므로 우리는 부교역자의 리더십을 중요하게 여겨야 하며, 그들의 리더십을 자신과 담임목사, 동역자들과 그가 인도하는 사역 팀의 관계에서 이해해야 한다. 그리고 그들이 중간 리더로서 성장하고 또 그들의 위치에서 중요한 리더십의 영향력을 발휘할 수 있도록 도와야 한다.

리더십에 대한
오해

    리더십을 잘 발휘하기 위해 먼저 리더십이 아닌 것부터
살펴보자.

리더는 힘을 가진 자다

사람들이 갖고 있는 리더에 대한 오해 중 가장 대표적

인 것은 리더는 힘(power)을 가진 자라는 것이다. 물론 모든 리더는 힘을 사용한다. 그러나 힘을 사용한다고 해서 리더는 아니다.

누군가 권총을 들고 우리에게 명령한다면 그는 엄청난 힘을 가진 자라고 할 수 있다. 생명의 위협을 느낀 우리는 그가 시키는 대로 할 수밖에 없다. 그렇지만 그런 힘을 가졌다고 해서 권총 든 강도를 리더라고 부르는 사람은 아무도 없다. 리더는 힘을 사용하지만, 힘이 있다고 다 리더는 아닌 것이다.

재미있는 것은 리더십의 힘에 대한 남성과 여성의 이해가 다르다는 점이다. 남성 사역자의 경우 힘을 막 사용할수록 파워풀한 리더라고 생각하는 경향이 있다. 남성 사역자에게는 상징이 중요하다. 내가 얼마나 큰지, 얼마나 힘이 있는지를 보여 주기 원하며, 그것이 리더십의 크기를 결정한다고 생각한다. 사무실도 커야 하고, 차도 커야 하고, 책상도 커야 하고, 명패도 커야 한다. 그래야 자신이 매우 세고 훌륭한 리더로 보인다고 생각한다. 반면 여성 사역자는 크기가 아닌 깊이가 리더십을 결정한다고 본다. 그들에게는 얼마나 깊이 들어가느냐, 얼마나 가까우냐, 얼마나 함께하느냐가 중요하다.

높은 지위가 리더십이다

사람들은 흔히 지위가 높을수록 더 위대한 리더라고 생각한다. 그러나 높은 지위에 있어도 실상 아무런 영향력이 없거나 되레 부정적인 결과를 가져오는 리더를 우리는 수없이 보아 왔다. 과연 그들을 리더라고 할 수 있을까?

한편, 타이틀도 없고 지위도 낮지만 그의 말 한마디, 행동 하나하나가 팔로어(follower)들을 움직이고 변화를 이끈다면 그 사람이야말로 리더라고 할 수 있다. 지위가 곧 리더십은 아니라는 얘기다.

리더는 자기 마음대로 할 수 있는 사람이다

리더는 자신이 원하는 대로 할 수 있다고 생각한다. 과연 그럴까? 마음에 들지 않는다고 비행기를 되돌리고, 남의 영업장에서 난동을 부리며, 아랫사람에게 폭행을 하고…. 잊을 만하면 터지는 재벌가의 부끄러운 행태는 국민들의 공분을 사기에 충분하다. 리더라고 자기 마음대로 해도 된다고 생각한다면 그는 리더가 아니라 무뢰한이다. 무례한 것을 힘 있는 것으로 착각해서는 안 된다.

리더는 자신을 따르는 사람들을 위해야 한다. 그들을

컨트롤해서 자신이 원하는 걸 얻는 것이 아니라 자신을 컨트롤해서 그들이 원하는 것을 줄 수 있는 사람이 진정한 리더다.

자기 마음대로 하는 담임목사가 부러운가? 그렇다면 리더십을 다시 생각하라. 담임목사는 자기 자신을 위하는 자가 아니라 하나님의 공동체를 위하는 자다.

리더는 성공한 사람이다

사회적으로 성공하거나 출세한 사람을 리더라고 생각하는 이들도 많다. 그래서 자기도 모르게 성공을 좇는다. 출세하기 위해 물불을 가리지 않는다. 한편에서는 그런 사람들을 보며 위축되기도 한다. 담임목사와 비교할 때 부교역자의 자리가 초라해 보이고, 별로 중요하지 않는 것처럼 보인다. 동료나 동년배와 비교할 때 부교역자는 성공과 거리가 먼 것 같다. 나 같은 사람이 무슨 리더냐는 생각도 든다.

하지만 생각해 보라. 우리는 그동안 소위 출세했다는 사람들 중에서 사회에 나쁜 영향을 끼치거나 안 좋은 일을 한 사람들을 수없이 보아 오지 않았던가. 그러니 단지 출세하거나 성공했다고 해서 그들을 리더라고 말할 수 없다. 정말 중요한 것은 리더로서 어떤 가치를 나누고 있는지, 어떤 영향력을 끼치고 있는지가 중요한 것이다.

담임목사가 리더다

어느 신학교에 갔더니 다섯 가지 목표가 있었는데, 맨 마지막 다섯 번째가 담임목사가 되는 것이었다. 그걸 보고 깜짝 놀랐던 기억이 있다. 부교역자들 중에는 담임목사가 안 되면 실패한 것 같고, 담임목사가 되어야만 리더인 것처럼 생각하는 이들이 많다. 전도사는 목사가, 목사는 담임목사가 되지 않으면 안 될 것 같은 부담감을 느낀다.

담임목사들을 모아 놓고 리더십 강의를 했을 때의 일이다. 한 목사가 내게 이렇게 말했다.

"교수님, 이런 강의를 제 아내에게 좀 해 주십시오. 제 아내가 교회를 크게 성장시키기 전까지는 절대로 은퇴할 생각하지 말라고 합니다."

이와 같이 어떤 경우에는 사모가 더 강하게 밀어붙이기도 한다. 그러니 힘들고, 무리하게 되고, 사람의 방법을 쓰게 되고, 인간의 지혜를 좇게 되고, 리더의 자리에 있지만 리더십을 제대로 발휘하지 못하게 된다.

리더십에 대한 오해가 우리 가운데 만연해 있다. 이를 바로잡지 못하면 우리는 다가갈수록 멀어지는 신기루를 좇는 것처럼 사역과 관계가 계속 힘들 수밖에 없을 것이다.

리더십이란?

리더십은 영향을 끼치는 과정이다

쿤츠와 오도넬(Koontz & O'Donnell)은 "리더십은 사람들이 공동의 목적을 달성하도록 영향을 끼친다"(Leadership is influencing people to follow in the achievement of a common goal)고 말했다. 그런가 하면 허시와 블랜차드(Hersey and Blanchard)는 "리더십은 주어진 상황에서 목표 달성을 향한 개인 또는 단체

의 활동에 영향을 미치는 과정이다"(Leadership is the process of influencing the activities of an individual or a group in efforts toward goal achievement in a given situation)라고 말했다.

한마디로 리더십은 영향력, 다시 말해 영향을 끼치는 과정이라고 정의할 수 있다. 때문에 리더십은 어떤 지위나 파워로 다 설명할 수 없다.

영향력의 영역은 다양하다. 한 사람이 모든 영향력을 한꺼번에 다 가질 수는 없다. 어떤 사람은 내 독서 습관에 영향을 미쳤고, 어떤 사람은 경제생활에 영향을 주었다. 식생활에 영향을 주거나 좋아하는 음악 장르에 영향을 끼친 사람도 있다. 그리고 어느 순간 내게서 그렇게 영향을 받은 사람도 있을 것이다.

이런 영향력에는 책임이 따른다. 그것이 가져오는 변화 때문이다. 영향력은 부정적일 수도 있고 긍정적일 수도 있다. '저 사람은 안 만났으면 좋았을 텐데…' 하는 생각이 들 만큼 부정적인 영향을 끼친 사람이 있는가 하면, 생각하면 마음이 따뜻해지고 미소 짓게 만드는 긍정적인 영향을 끼친 사람도 있다. 긍정적인 영향을 끼치는 사람은 긍정적인 가치를 가르쳐 준다. 그러므로 좋은 리더라면 긍정적인 가치를 줄 수 있는 긍정적인 영향력을 끼쳐야 한다.

영향력은 가치를 나누게 된다. 팔로어들은 리더의 영향력을 통해서 무엇이 중요하고, 무엇이 필요하고, 무엇이 훌륭한지를 알게 된다.

부교역자, 특히 여성 사역자들은 '나는 뒤에서 돕는 사람' 또는 '나는 밑에서 돕는 사람'이라며 '따라서 나는 리더가 아니다'라는 생각을 가지고 있는 것 같다. 하지만 하나님께서는 그런 사람도 리더로서 영향력을 행사하게 하셨다.

앞에 나서는 것보다 뒤에서 조용히 섬기는 것을 좋아하는 사람이라 하더라도 얼마든지 리더십을 발휘할 수 있다. 실제로 리더십 현장을 보면 앞에서 요란하게 사람들을 이끄는 리더가 있는가 하면, 드러나진 않지만 엄청난 영향을 끼치는 사람들을 쉽게 발견할 수 있다. 높은 지위가 아니어도, 큰 파워가 보이지 않아도 사람들에게 깊은 영향을 끼칠 수 있다.

사람의 마음을 움직이는 영향력, 그것이야말로 리더십의 핵심이다.

리더십의 3가지 영향력

영향력은 크게 세 가지로 구분할 수 있다.

첫째, 얼마나 많은 사람에게 영향을 끼치는가?
(The Extensiveness of the Influence)

둘째, 한 영역에 얼마나 깊은 영향을 끼치는가?
(The Intensity of the Influence)

셋째, 한 사람에게 얼마나 넓은(전인적으로) 영향을 끼치는가?(The Comprehensiveness of the Influence)

좀 생소하게 들릴지도 모르겠다. 리더십의 영향력을 말할 때 대다수가 첫 번째의 영향력을 떠올리기 때문이다. 더 많은 사람에게 영향을 끼칠수록 더 훌륭하고 큰 리더라고 생각하기 때문이다. 얼마나 많은 성도에게 설교를 하는가, 얼마나 많은 부교역자를 두고 있는가 등이 크고 훌륭한 리더의 기준이 되는 것이다.

하지만 그게 다가 아니다. 리더십의 영향력에는 깊은 영향력, 전인적인 영향력도 존재한다. 그리고 많은 사람에게 영향을 끼치는 것이 반드시 깊은 영향력과 전인적인 영향력을 의미하지도 않는다. 예를 들어 많은 사람에게 영향을 끼치지만 때로는 그것이 그들에게 깊은 영향을 주거나 한 사람의 삶에 전인적인 영향을 주지는 못할 수도 있다.

나는 매 주일 다섯 번에서 여섯 번의 설교를 한다. 4만 명의 성도들 앞에 거의 2시간 간격으로 선다. 권투선수처럼 땡 치면 나갔다가 땡 치면 들어오길 반복하다 보면 어느새 파김치가 되어 버린다. 마음 같아서는 방에 가서 얼른 쉬고 싶지만 그렇다고 성도들과의 인사를 빼먹을 수는 없다. 예배를 마치고 부리나케 출입문 쪽으로 나가 자리를 잡는다. 지구(교구, 공동체)를 담당하는 부교역자들도 쭉 늘어선다.

한꺼번에 너무 많은 사람들이 밀려 나와서 제대로 인사하기도 어렵지만, 나는 내가 서 있는 문으로 나오는 모든 성도에게 계속 인사를 한다. 때로 '내가 국회의원에 출마할 것도 아닌데…', '내가 백화점 직원인가' 하는 생각이 들 때도 있다. 반면 부교역자들은 주로 자신이 담당하는 교구 성도들에게만 인사를 받는 것 같다. 그걸 보면 누가 담임목사인지 모르겠다. 하지만 뭐 여기까지는 괜찮다.

문제는 이제부터다. (이 예화를 자주 쓰다 보니 요즘은 많이 좋아졌다.) 내 쪽으로 나오다가 자신이 속한 교구 목사를 발견하고는 쌩하니 그쪽으로 가 버리는 성도가 있다. 악수하려고 내밀던 내 손이 부끄러워지는 순간이다. 그럴 때면 얼마나 무안한지 모른다. 티를 낼 수도 없고 감정을 숨긴 채 미소를 지으면서 다음 성도들과 악수하며 지나간다. 그런데 그 순간 당황하는 이가 있다. 바로 그 성도가 찾아간 교구 목사다. 담임목사를 제쳐 놓고 자기에게 와서 인사를 하니 후환(?)이 두렵지 않겠는가. 그는 재빨리 그 성도를 내게 데려와 인사를 시킨다. "담임목사님하고도 악수하세요." 사실 그게 더 싫다. 엎드려 절 받기도 아니고 그런 인사는 아주 불편해서 안 받고 싶다. 치사하게 내가 이런 인사를 받아야 하나 싶다.

그러나 한편으론 이런 생각도 든다. 나는 담임목사라고 몇 만 명에게 설교를 하지만 사실 그 성도를 잘 모른다. 그런데 교구 목사는 다르다. 돌잔치 때, 결혼식 때, 장례식 때, 이사했을 때, 힘들 때 심방 와서 축하하고 위로하고 격려해 준다. 그러니 그 성도는 당연히 자기가 아는 목사를 찾아간 것이다. 나는 담임목사라는 타이틀을 가지고 많은 사람에게 영향을 끼친다고 하지만, 그 성도의 삶에 깊은 영향을 끼친 사람은 내가 아니라 바로 교구 담당 목사인 것이다. 이게 바로 깊은 영향력과 많은 영향력의 차이다.

당신이 오늘 이 자리에 오기까지 당신에게 영향을 끼친 사람들을 한번 떠올려 보라. 그들은 유명한 사람들인가? 이름만 대면 다 알 만한 사람들인가? 물론 그런 사람들에게서 영향을 받기도 했을 것이다. 그렇지만 정작 우리 삶에 깊은 영향을 준 사람은 그런 사람들이 아닌 경우가 많다. 이름을 말해도 모르지만, 정말로 우리를 알아 준 사람, 우리를 믿어 준 사람, 우리와 함께 시간을 보내며 동행한 사람, 우리를 격려해 주고 우리 옆에 있어 준 사람…. 바로 그들의 깊은 영향력이 오늘의 우리를 만든 것이다.

내게도 큰 영향을 끼친 분들이 많지만 특별히 안 선생님이 기억난다. 그는 내가 초등학생이었을 때 교회학교 선생님이었다. 그가 소그룹 활동 시간에 뭘 가르쳤는지는 하나도 기억나는 게 없다. 하지만 두 가지만은 확실한데 그것 때문에 그가 내게 긍정적인 큰 영향을 끼쳤다고 자신 있게 얘기할 수 있다. 하나는 안 선생님이 내게 탁구를 가르쳐 준 것이다. 부모님이 교회에서 봉사하는 동안 나는 예배 뒤에도 교회에 남아 무료하게 시간을 보내야 했다. 그런 내게 안 선생님이 탁구를 가르쳐 주셨다. 그렇다고 내 탁구 실력이 국가대표 선수급이라고 오해하지는 말라. 또 하나는 그분이 사 준 음식이다. 그는 커튼 파는 가게를 운영하셨는데, 내가 주중에 어쩌다 그 앞을 지나게 되면 꼭 불러서 짜장면을 시켜 주셨다. 당시 짜장면은 최고의 음식이었다. 그는 유명인도 스타도 아니었지만 어린 시절 내게 깊은 영향력으로 중요한 가치를 전달해 준 고마운 분이다. 오랜 시간이 흘렀지만 두고두고 기억나는 리더인 것이다.

당신은 리더로서 얼마나 많이, 얼마나 깊이, 얼마나 넓게 영향을 미치고 있는가? '얼마나 많이'에만 치우쳐 타이틀에 연연하지 말고, 부교역자로서도 얼마든지 가능한 '얼마나 깊이'와 '얼마나 넓게'에도 관심을 갖고 준비하자. 지금 그 자리에서도 당신은 얼마든지 좋은 영향력을 끼치는 리더가 될 수 있다!

리더는 저절로
되지 않는다

리더 한 사람 때문에 조직이 살기도 하고 죽기도 한다. 그래서 제대로 된 리더를 모시려고 얼마나 수고하는지 모른다. 나라도 조직도 공동체도 가정도 리더에 따라 모든 게 달라진다. 물론 요즘에는 리더를 따르는 팔로어십(followership)도 중요하다. 그러나 팔로어들이 훌륭한 리더를 만들 수 있더라도 결국 그 훌륭한 리더가 팔로어들을 리드한다. 그래서 리더십이 중요하다. 국가와 기업과 가정의 흥망성쇠가 리더십에 의해 결정된다는 사실을 지금껏 우리는 숱하게 보아 오지 않았는가.

목회자가 되기 위한 모든 교육 과정을 마쳤다고 해서 저절로 리더가 될까? 신학대학원 목회학 석사과정(M. Div)에서 신약과 구약, 설교학, 전도학, 상담학 등을 가르치지만 리더십을 따로 가르치지는 않는다. 과정을 마치고 나면 리더가 되어야 하는데 막상 현장에 서 보면 리더십이 뭔지 잘 모르겠다. 그래서 사역을 하다 보면 시간이 지나면서 자연스럽게 리더십이 발전하지 않을까 생각한다. 그랬으면 좋겠는데 안타깝게도 실상은 그렇지 않다.

목회를 오래 한다고 리더십이 저절로 성장하지 않는다. 오히려 시간이 갈수록 리더로서의 책임과 역할은 점점 더 커지며 우리를 옥죄어 온다.

리더십을 개발하고 성장시키기 위해서는 훈련이 필요하다. 일찌감치 리더십의 시각을 가지고 자기 자신을 볼 수 있는 훈련이 이루어져야 한다.

내가 부교역자 리더십 세미나를 시작하게 된 이유가 있다. 나는 담임목사가 되고 나서 부교역자들의 가장 큰 관심사가 무엇일까를 연구했다. 처음에는 그저 '있는 곳에서 어떻게 사역을 잘할까?', '어떻게 하면 담임목사와 좋은 관계를 맺고 사역에 큰 열매를 남길 수 있을까?' 등일 거라고 생각했다. 그런데 내 예상은 보기 좋게 빗나갔다. 부교역자들은 자기 리더십의 성장에 가장 큰 관심을 가지고 있었다.

강의를 하다 보면 종종 담임목사와 부교역자들이 섞여 있는 경우가 있다. 그런데 그 두 부류의 의견 차이가 얼마나 극명한지 모른다. 담임목사는 책임지고 다 맡길 수 있는 사람이 있었으면 좋겠다고 말한다. 반면 부교역자들은 공통적으로 우리를 제대로 키워 줄 수 있는 사람이 있으면 좋겠다고 말한다. 담임목사는 '정말 믿고 맡길 수 있는 사람이 있다면 내가 팍팍 키워 줄 텐데…'라고 생각한다. 이에 반해 부교역자는 '정말 나를 키워 주는 사람이 있다면 확실히 책임감 있게 최선을 다할 텐데…'라고 생각한다. 입장 차이가 너무 커서 도무지 만날 수가 없다.

이 같은 안타까운 현실에 도움이 될까 해서 3장에서 실제적인 부교역자 리더십을 크게 네 가지 측면에서 살펴보고자 한다.

첫째는 부교역자가 사역자로서 자기 관리를 어떻게 할 것인가, 둘째는 담임목사와의 관계에서 돕는 역할을 어떻게 할 것인가, 셋째는 동역자들과의 관계를 어떻게 맺고 유지

할 것인가, 넷째는 우리를 따르는 사람들을 위해서 어떤 리더십을 발휘하고 자기 리더십을 어떻게 개발할 것인가이다.

리더는 저절로 되지 않는다

여사(여전도사)
리더십

    부교역자 리더십의 각론으로 들어가기에 앞서 여사(여전도사)에 대해 살펴보고 가자. 한국 교회의 위대한 성장에는 수많은 여전도사님의 희생적인 사역을 논하지 않을 수 없다. 그들의 간증을 들어 보면 두드러지는 공통점이 하나 있다. 바로 한(恨)이다. 그들이 전도사가 되기까지 정말 힘들고 어려운 일이 많았다. 그 모든 어려움을 딛고 하나님께 나오고, 주께 매달리고, 결국 그분의 부르심에 순종해 목회자의 길을 가게 되었다. 젊은 여자 전도사들은 그런 한은 없지만 계속 사역하다 보면 생기게 된다.

함께 사역하던 남자 전도사들이 목사 안수를 받고 어느 순간부터 목에 힘을 주기 시작하고, 사역도 잘 모르면서 목사 안수를 받았다고 내 위에 군림하려 드는 것을 보면, 10년, 20년이 지나도 전도사로 남아 있는 나 자신이 초라하고 속상해진다. 답답한 마음에 목사 안수를 받을까 하지만, 여자 목사 안수를 허용하는 교단이 몇 안 되어 실행에 옮기기도 쉽지 않다. 또 목사 안수를 받아도 여자라는 이유로 담임목사로 청빙해 주는 교회도 없고, 사역의 입지가 오히려 좁아지는 경우도 있다. 이래저래 괴롭기는 마찬가지여서 어느새 한이 되어 버린 것이다.

교회나 성도들이 이런 부분을 알아서 챙겨 주면 좋으련만 아직까지는 교역자에 대한 인식이나 처우가 좀 부족한 현실이고, 그로 인해 여교역자들의 고민도 쉽사리 해결되지 못하고 있다.

여성적 리더십의 특징

여성 리더십은 수직적으로 지침을 내려 보내 복종을 요구하는 남성 리더십과 달리 수평적으로 토론하며 사안을 결정하는 리더십 스타일이다. 여성 리더십은 처음에는 남성 리더십과 구분하기 위해 사용되었다. 그러나 이후 여성 리더십이 훨씬 더 효과적이라는 것이 밝혀지면서 주목받기 시작했고, 이제는 비단 여성뿐 아니라 모든 사람이 배우고 사용해야 할 리더십이 되었다. 그래서 이름도 '여성 리더십'에서 '여성적 리더십'으로 바뀌었다.

여성적 리더십은 협력적이다. 홀로 튀는 것을 좋아하지 않는다. '내가 모든 걸 다 거느리고…' 이런 걸 원하지 않는다. 여성적 리더십은 '나'보다 '우리'를, '혼자'보다 '다 함께'를 좋아한다. 모두 함께 같이 가길 원한다.

여성적 리더십은 창조적이다. 아이디어가 아주 신선하다. 여성은 2차원적, 3차원적, 4차원적 생각을 거의 동시에 할 수 있는 능력을 가지고 있다. 그래서 남편들은 하나같이 하소연한다. 아내가 도무지 무슨 말을 하는지 이해할 수 없다고. 당최 그 얘길 따라갈 수 없다고. 그도 그럴 것이 여성들은 몇 가지 주제를 넘나들며 대화를 이어 갈 수 있다. A 얘기를 하다가도 B 얘기로 갔다가 다시 A로 돌아오는가 하면, A와는 아무 상관도 없어 보이는 D 얘기를 꺼낸다. 화제가 수시로 전환되는 것이다. 그래도 여성들끼리는 의사소통하는 데 아무런 문제가 없다. 하지만 남성들은 맥락 없이 툭툭 튀어나오는 얘기를 따라가지 못할뿐더러 이해하기도 쉽지 않다. 결국 이것이 부부싸움의 원인이 되기도 한다. 어쨌든 이런 걸 보면 여성 사역자들은 굉장한 창의력과 열린 세계를 소유한 것 같다.

여성적 리더십은 분권적이다. 권력을 독점하려 하지 않는다. 자기를 중심으로 하나로 모아 자신이 끌고 가겠다는 생각을 하지 않는다. 움켜쥐기보다는 나누기를 즐긴다. 여러 사람에게 책임뿐 아니라 권한까지 분산시키길 좋아한다. 그것은 마치 비빔밥에 들어갈 재료를 각자 한 가지씩 맡아서 준비한 뒤 다 함께 모여 비벼 먹는 것과 같다. 혼자서 모든 걸 준비하려면 힘들어서 선뜻 해 먹을 생각을 못하지만, 여러 사람이 나누어 하면 훨씬 수월하게 맛있는 비빔밥을 먹을 수 있다고 생각한다. 힘은 덜면서 맛있게 먹을 수 있고 좋은 사람들과 교제도 할 수 있으니 일석이조가 아니겠는가.

여성적 리더십은 감성적이다. 여성은 남성보다 더 감성적이다. 주위에서든 방송에서든 힘든 사람을 보면 안쓰러워 어쩔 줄 모른다. 가만히 있지 못하고 뭐든지 나눠 주려 한다. 그 사람을 긍휼히 여기는 마음이 그녀를 움직이는 것이다. 여성은 눈물도 많다. 그것은 마음이 부드럽다는 얘기다. 하나님께서는 그런 사람을 좋아하신다. 남성들은 울려고 해도 겨우 한쪽 눈에서 눈물 한 방울 떨어질까 말까 한다. 그런데 여성들은 찬양만 들어도 눈물이 난다. 하나님께 나아갈 때 목에 힘을 주지 않는다. 그러니 하나님께서 은혜를 부어 주시고, 그 은혜가 삶 가운데 나타나고, 그래서 또 더 큰 은혜를 사모하게 된다.

지금은 여성 시대다

불과 몇 년 전까지만 해도 감성을 강조하는 분위기였다. IQ가 아니라 EQ가 중요하다며 감성으로 자녀를 키우라고 했다. 감성에서 가장 중요한 것은 진솔함이고, 그것은 눈물과 떼려야 뗄 수 없는 관계에 있다. 방송에서도 이를 놓치지 않고 적극 활용했다. 출연자를 섭외해 그들의 진솔한 얘기를 듣는, 비슷한 포맷의 프로그램들이 우후죽순 생겨났

다. 몇몇 출연자들은 얘기를 털어놓다가 눈물을 훔쳤다. 그
것을 보고 듣는 시청자들은 감정이 이입되어 함께 눈물을
흘렸다. 그들의 이야기에 감동했다.

하지만 거기까지였다. 똑같은 패턴이 반복되고, 이 사
람도 울고 저 사람도 울면서 어느 순간 식상해졌다. 뿐만 아
니라 감동을 받았다고 해서 내 삶이 변화되지도 않았다. 감
성의 터치만으로는 뭔가 부족한 것이다.

그 후 등장한 것이 영성이다. 삶의 변화를 이끌어 내는
힘은 영성에 있다고 보는 것이다. 뒷심이 달리는 감성 리더
십의 한계를 영성 리더십으로 커버하는 것이다. 포스트모던
시대에 영성 리더십이 주목받는 이유다.

포스트모던 시대에 가장 중요한 것 중 하나가 스토리
다. 이전 시대에 제일 중요한 것은 논리(이성)였다. 나는 할
리우드의 유명한 프로듀서를 만난 적이 있다. 〈엑스맨 시리
즈〉, 〈혹성 탈출〉, 〈스타트랙 시리즈〉, 〈판타스틱 4〉 등을 만
든 랄프 윈터(Ralph Winter)다. 그는 영화 제작에서 가장 중요
한 요소로 스토리텔링을 꼽았다. 제아무리 특수효과가 뛰어
난 영화라도 스토리가 없으면 흥행하기가 어렵다는 것이다.
사람들은 더 이상 어마어마한 제작비를 쏟아 부은 블록버스
터에 열광하지 않는다. 스토리만 탄탄하면 제작비와 상관없

이 흥행에 성공하는 시대가 된 것이다. 스토리가 사람을 감동시키고 스토리가 사람을 움직이기 때문이다.

스토리 하면 여성 사역자들을 빼놓을 수 없다. 누구나 스토리 하나쯤은 가지고 있다. 정말이지 얘기할 기회를 안 줘서 그렇지 스토리를 풀어 놓으면 끝이 없다. 그런데 신기한 것은 이 스토리가 사람들을 연결해 준다는 것이다. 듣다 보면 '나도 그랬는데', '나만 그런 게 아니구나' 하며 은연중에 서로 간에 친밀한 관계가 형성된다.

나 또한 한 남성 사역자와의 스토리가 생각난다. 우리 교회에서 사역하다가 다른 곳으로 옮긴 한 부교역자의 얘기다. 풀타임 교역자만 120여 명에 달하다 보니 나와 사역이 겹치지 않는 한 그들과 일일이 접촉하기는 힘들다. 그 전도사도 그런 사람 중 한 명이었다. 그는 목사 안수를 받고 다른 교회로 가게 되어서 내게 인사 차 왔다. 이런저런 사역 얘기를 나눈 후 내가 기도해 주고 일어섰다. 그런데 그가 나가려다 말고 주저하며 내게 말했다.

"목사님, 한 번 안아 주시면 안 돼요?"

얼마나 놀랐는지 모른다. 남자가 그런 말을 하는 게 쉽지 않은데 그는 이 말을 꺼내기까지 얼마나 많은 고민을 했을까. 그를 안아 주면서 참 많은 생각이 내 머릿속을 지나갔다. 내가 이런 부분에서 부족했구나 싶으면서 허그와 터치가 얼마나 중요한 의미를 가지는가를 다시 한 번 곱씹게 되었다.

한국 교회 성도 중 다수가 여성이다. 그리고 포스트모던 시대를 대표하는 스토리, 관계, 감성, 영성 등의 키워드는 놀랍게도 여성적 리더십과 잇닿아 있다. 지금은 여성 시대다. 이 땅의 많은 부교역자, 특히 고생이 많은 여자 전도사들이 자부심을 갖고 사역하길 바란다.

여성적 리더십의 강점

파워는 수직적인 파워와 수평적인 파워로 구분할 수 있다. 세상은 그중에서 수직적인 파워에 굉장히 익숙해 있다. 그렇기에 세상에서는 자신의 위치가 중요하다. 다시 말해 지위에 목을 맬 수밖에 없다. 그런데 여성적 리더십은 수직적인 것보다 수평적인 것에 강하다. 누가 회장을 하든 그다지 중요하지 않다. 지금 나와 그 사람의 관계가 좋으냐, 안 좋으냐가 더 중요하다.

옛날에는 윗사람이 얘기하면 그대로 따를 수밖에 없는 구조였다. 하지만 요즘은 시대가 바뀌어 수직보다 수평적인 파워를 중요하게 여기는 추세다. 사회, 정치, 경제 등 모든 면에서 얼마나 수직적이냐가 아니라 얼마나 수평적이냐로 관심이 옮겨 가고 있다. 파워가 수평적일수록 더 훌륭하고 더 뛰어난 리더십이 발휘된다. 이런 세상에서는 관리자보다 실무자가 중요하다. 지위보다는 관계가 중요하다. 낙하산 인사는 결코 환영 받지 못한다.

일반적으로 남성보다 여성이 수평적인 파워에 익숙하다. 그런데 우리나라의 목회 환경은 수직적인 경향이 있다. 때문에 여성 사역자들이 많이 힘들어한다. 숨이 막히는 것 같다. 게다가 긍정적인 평가를 받지 못할 때도 있다. 심지어 새로운 환경에 잘 적응하지 못한다는 말도 듣는다. 왜 그럴까? 조직의 수직적인 파워와 자신의 수평적인 파워가 충돌하기 때문이다. 이에 반해 남자 교역자들은 능숙하게 적응한다. 군대를 다녀온 경험으로 인해 수직적인 조직에서 자신이 어떻게 해야 하는지를 아주 잘 알기 때문이다. 여성 사역자 편에서 보면 그렇게 행동하는 남자 교역자들이 아부하는 것 같아 유쾌하지 않다. 같은 부교역자 입장에서 저렇게까지 해야 하나 싶기도 하다.

여성적 리더십은 무엇을 하느냐보다 누구와 하느냐를 더 중시한다. 아무리 중요한 일이라도 자신이 좋아하는 사람과 하지 않으면 괴롭다. 뿐만 아니라 여성적 리더십은 그 사람의 성공이 곧 나의 성공이라고 생각한다. 남성 리더십은 그렇지 않다. 내가 성공해야 하고, 그 열매도 내 것이어야 한다. 일례로 여성적 리더십은 교회가 잘되면 내가 잘된 것처럼 기뻐한다. 하지만 남성 리더십은 그건 그것대로 잘된 일이지만 나도 잘되어야 더 기쁘다.

여성적 리더십의 강점은 공존과 공감이다. 그들이 원하는 것은 같이 사는 것, 같이 살면서 인정받고 사랑받는 것이다. 그들은 남성 리더십과 달리 야망이 없는 편이다. 내가 리더로서 큰 업적을 이루어 이름을 대대손손 남기겠다는 식의 생각은 품지도 않을뿐더러 혹시라도 하게 되면 몸에 맞지 않은 옷을 입은 것처럼 불편하게 여긴다.

그런 만큼 여성적 리더십은 공감을 중요하게 생각한다. 공감에 대해 오해하는 사람이 있는데, 공감은 내가 다 이해한다고 말해 주는 게 아니다. 우는 자와 함께 울고 웃는 자와 함께 즐거워하면 되는 것이다.

우리나라 사람들은 카리스마 리더십을 선호하는 경향이 있다. 카리스마는 싫어하면서도 카리스마가 없으면 불안해한다. 그래서 리더가 카리스마가 있으면 그 카리스마 때문에 죽겠다고 하고, 카리스마가 없으면 카리스마가 없어서 안 될 것 같다고 말한다.

하지만 지금 시대는 수직적, 상징, 야망, 카리스마 등으로 대표되는 남성 리더십에서 수평적, 관계, 공존, 공감 등으로 대표되는 여성적 리더십을 중시하는 쪽으로 이동하고 있다. 기업체의 CEO가 직원들과, 또는 정치가가 국민들과 어떻게 공존하고 공감하는지를 보라. CEO는 직원들과 같이 등산을 하고, 윤리 경영, 상생 등의 기치를 내걸며 어려운 이웃을 돕는 일에 적극 나서기도 하며, 직원들의 의견을 회사 경영에 반영하려고 노력한다. 정치가는 공존하고 공감하기 위해 현장을 자주 찾고 거기서 나오는 목소리에 귀를 기울인다. 듣는 것이 먼저이기 때문이다.

여사들이여, 약점을 보완하라

부교역자, 특히 여성 사역자는 여성이라는 기본 베이스가 있어서 여성적 리더십을 발휘할 수 있는 좋은 조건을 갖추었다. 앞서 살펴본 바와 같이 여러 장점을 이미 가지고 있는 것이다. 안타까운 것은 여성 사역자들이 목회 현장에서 너무 힘들다 보니 하나님께서 그들에게 주신 본연의 리더십을 제대로 발휘하지 못한다는 사실이다. 그 이유가 무엇일까?

앞서 말한 것처럼 여성 사역자들에게 있는 한(恨) 때문이 아닌가 한다. 한은 꼭 나쁜 뜻이 아니다. 그것은 우리 안에 생존에 대한 강렬한 에너지가 있다는 뜻이기도 하다. 한은 여성 사역자들을 하나님께 나아오게 만드는 엄청난 파워가 되었다. 그것이 그들의 삶을 변화시키고 여기까지 오게 한 것이다.

그런데 한이 어떤 상황과 맞물리게 되면 고집으로 나타날 때가 있다. 고집이란 단어가 좀 거북하다면 신앙적 고집이랄까. 아무튼 왜 여성 사역자들은 수평적이고 공존하고 공감하는 리더십을 발휘해야 할 때 고집을 피우는 것일까? 나는 그들이 절실함을 겪었기 때문이라고 생각한다. 그것 때문에 목회의 길에 들어섰고, 지금도 삶 가운데 부딪히고 있어서 자신도 모르는 사이에 공존과 공감보다는 신앙적 고집이 더 강하게 드러날 때가 많은 것이다.

여성 사역자는 힘들어서 상담하러 온 성도를 보고 '다 이해해요', '다 알아요'라고 생각한다. 그런데 생각과 달리 말은 전혀 공감과 상관없을 때가 많다.

"에이, 기도 더 해야 돼!"

"당신 시험에 들었어!"

"금식해!"

자신의 신앙 원칙을 가지고 상대를 판단하고 처방하는 말을 하는 것이다. 자신이 삶 가운데 터득한 인생의 가치와 공식이 너무 분명해서 성도의 상황과 형편을 살피지 못하고 이렇게 툭툭 튀어나오는 것이다.

하지만 자신의 기준은 절대적인 것이 아니다. 자신의 기준을 앞세우면 공감할 수가 없다. 공감의 가장 중요한 원칙 중에 하나는 판단하지 않는 것이다. 때문에 여성 사역자에게 그런 말을 듣는 성도는 당황스러울 수밖에 없다. 여자이기 때문에 내 얘기에 더 귀 기울이고 공감해 줄 거라 생각했는데, 공감은커녕 자기 경험에서 나온 원칙을 주장하니 몹시 기분이 언짢을 수밖에 없다. 그런 일을 겪은 성도들은 결국 "우리 전도사님은 고집이 너무 세!" 또는 "우리 전도사님은 너무 강해!"라고 말하게 된다.

이것이 우리가 추구하는 여성적 리더십의 모습은 아니지 않은가. 아무리 경험이 많고 척 보면 답이 나오더라도 그것을 강요해서는 안 된다. 설혹 그것이 맞다 해도 상대에게 충분한 공감을 해 준 뒤에 상대가 그것을 받아들일 준비가 되어 있을 때 해야 한다. 또 그것이 받아들여지지 않더라도 속상해하거나 노여워해서는 안 된다.

아울러 내 경험에서 나온 기준은 절대적인 것이 아님을

명심해야 한다. 모든 판단은 하나님의 몫이고, 사역자인 우리는 그저 우는 자와 함께 울고 즐거워하는 자와 함께 즐거워하며 공감해 주면 그만이다. 성도들에게 끊임없이 관심을 갖고 그들을 사랑하면 되는 것이다.

리더십은 저절로 성장하지 않는다

Chapter **3**

부자,
어떻게 성장하는가?

자기관리의
지혜

　성경이 말하는 지혜는 여호와를 경외하는 것, 명철이
다. 명철이라는 단어를 영어성경에는 'understanding'(이해)
으로 번역하고 있다. 즉 상황과 형편과 사람을 잘 이해하는
것이 지혜라고 말할 수 있다.
　그런데 사람이 자기 위치를 모르고 상황 파악을 못할
때 문제가 발생한다. 있어야 할 자리에 있고, 없어야 할 자

리에 나서지 않고, 해야 할 말은 하고, 하지 말아야 할 말을 하지 않아야 하는데 그렇지 못하는 것이다. 내 자리와 역할, 권한을 잘 알고 지키는 센스, 즉 지혜가 필요하다. 혹자는 믿음과 소망과 사랑이 있는데, 그중에 제일은 센스라고 말하기도 한다. 센스는 대상에 관심을 갖고 생각하고 이해할 때 생긴다. 관심에서 관찰이 나오고, 관찰에서 센스가 나오는 것이다.

최근에 한 목사를 만났는데 그분이 이런 얘기를 했다.

"권위를 두자니 사람들이 멀어지는 것 같고, 그렇다고 가깝게 지내자니 사람들이 존중하지 않는 것 같다."

그런데 이 두 가지는 결코 상반되는 개념이 아니다. 목회자도 얼마든지 성도들과 친근하게 지낼 수 있다. 다만 하나님의 사람으로서 위엄은 잃지 말아야 한다. 무슨 뜻인가? 사람들과의 관계도 중요하지만 그게 아니더라도 나는 충분히 만족할 수 있다는 모습을 보여 주어야 한다는 뜻이다. 사도 바울의 고백처럼 아무것도 없지만 모든 것을 가진 것 같은 위엄(dignity) 말이다. 그런 위엄이 느껴질 때 성도들은 '이분은 참 다르구나!' 생각하며 그에게 자기 마음을 열게 된다.

부교역자는 목회자로서 자기 관리를 어떻게 해야 할까? 구체적으로 살펴보자.

영성 관리

디모데전서 4장 12-13절 말씀이 한때 내게 위로와 모토가 된 적이 있다. 부교역자 시절이었다.

> 누구든지 네 연소함을 업신여기지 못하게 하고 오직 말과 행실과 사랑과 믿음과 정절에 있어서 믿는 자에게 본이 되어 내가 이를 때까지 읽는 것과 권하는 것과 가르치는 것에 전념하라

목회 초년병인 디모데에게 사도 바울은 사랑의 권면을 전한다.

> 너는 진리의 말씀을 옳게 분별하며 부끄러울 것이 없는 일꾼으로 인정된 자로 자신을 하나님 앞에 드리기를 힘쓰라 딤후 2:15

부교역자의 영성 관리는 디모데전서 4장 5절에서 찾았다.

> 하나님의 말씀과 기도로 거룩하여짐이라

담임목사나 성도들이 부교역자의 영성이 어떠함을 알아보는 때가 언제일까? 굳이 참석하지 않아도 되는 새벽기도회에 참석해서 기도할 때인 것 같다. 시키지 않아도, 눈치볼 필요가 없어도 기도의 자리를 지키는 부교역자를 보면서 그의 영성이 남다름을 이해하게 되는 것이다.

기도는 열정을 식지 않게 하고, 초심을 잃지 않게 하며, 소명을 확신하게 하고, 사랑의 마음을 샘솟게 한다. 교회와 성도를 위한 기도의 훈련이 부교역자의 영성이 될 수 있다면 어렵고 힘든 사역의 길에서 늘 주님을 의지하며 은혜를 경험할 수 있을 것이다.

기도의 영성과 함께 말씀의 영성이 훈련되어야 한다. 말씀을 많이 알아야 하고, 제대로 알아야 하며, 계속해서 알아 가야 한다. 사역이 워낙 바쁘다 보니 자칫 말씀에 소홀할 수 있지만 기억해야 한다. 이후에는 더욱 바쁠 것임을, 지금이야말로 더 바빠질 그날을 위해 말씀의 영성을 축적하는 때라는 것을 말이다. 설교할 때 깊은 묵상과 준비를 통해 말씀이 내 것이 되어야 한다. 말씀을 가르칠 기회가 있다면 거절하지 말고 무조건 감당하라. 내가 기도하고 준비하고 선포한 것이 나의 말씀의 영성이 된다.

감정 관리

누구나 감정이 있다. 감정 자체는 나쁜 것이 아니다. 하지만 컨트롤되지 않은 감정은 주변 사람들을 긴장시키고 불편하게 만든다. 부교역자 중에는 정의파가 많다. 불의한 일을 보면 쉽게 흥분하고 화를 낸다. 혹자는 자신이 정의파이기 때문에 일부러라도 화난 모습을 보여 줘야 한다고 말한다. 하지만 그것은 어디까지나 자기 생각이고 다른 사람들은 자기감정 하나 컨트롤하지 못한다고 생각한다.

남자 교역자들이 버럭 화를 내거나 물건을 집어던지는 게 문제가 된다면 여성 사역자들은 삐치는 게 문제가 된다. 말로는 괜찮다고, 아무것도 아니라고 하지만 뭔가 못마땅한 게 분명해 보이는 것이다.

부교역자는 첫째, 온유해야 한다. 목회 현장에서 가장 중요한 것 중 하나가 절대로 화를 내지 않는 것이다. 쉽지 않은 일이라는 거 안다. 특히 혈기왕성한 젊은 부교역자라면 더더욱 쉽지 않을 것이다.

모세를 생각해 보자. 40년 광야생활을 하는 동안 모세가 얼마나 자주 열불이 났겠는가? 아마도 속이 새까맣게 타지 않았을까 싶다. 이집트에서 노예생활을 하던 200만에 달하는 사람들을 해방시켜 가나안 땅으로 인도하는 그를 이스라엘 백성들은 틈만 나면 들볶아댔다. 그들은 우리를 왜 여기까지 와서 죽게 하냐고, 이집트에 있을 때가 더 좋았다고 원망하고 불평했다. 하지만 도대체 뭐가 좋았다는 것인가? 노예의 삶이 좋았을 리 만무하지 않은가? 좋지 않은 기억은 싹 잊어버리고 난리를 치는 이스라엘 백성을 보면 배은망덕도 그런 배은망덕이 없다. 인간이라면 그러면 안 되는 거다.

참다못해 모세도 화를 내긴 했지만 성경은 그를 가리켜 온유한 사람으로 기록하고 있다.

모세는 온유함이 지면의 모든 사람보다 더하더라 민 12:3

온유는 파워가 없는 약함을 의미하는 게 아니다. 파워를 가졌지만 그것을 제어할 수 있는 힘도 동시에 가졌다는 뜻이다. 1시간에 200km를 달릴 수 있는 람보르기니(Lamborghini) 스포츠카가 시속 100km로 속도를 줄여 여유 있게 주행하는 모습이랄까. 온유함은 부교역자의 감정 관리에 있어 정말 중요한 덕목이다.

둘째, 인내해야 한다. 온유와 함께 빼놓을 수 없는 것이

인내다. 목회는 참을 인(忍) 자를 세 번 쓰는 거라고 했다. 참고, 참고, 또 참고…. 그러다 보면 속으로 골병이 들 수밖에 없다. 그만큼 목회가 힘들다는 얘기다. 자신의 감정을 마음대로 표출할 수 없으니 어쩌면 당연한 결과다. 그럼 어떻게 해야 할까? 계속해서 혼자 끙끙대야 할까? 아니다. 감정을 드러낼 수 있는 곳을 찾아야 한다. 하나님께 나아가 토로하고, 동역자를 통해서 격려와 위로를 받으며 풀어야 한다.

내 경험담을 한 가지 나누고자 한다. 사역지를 옮기게 되어 그동안 섬기던 교회에서 송별회를 해 주었다. 그때 참석한 성도들이 한 명씩 돌아가면서 나에 대해 얘기했는데, 종합해 보면 두 가지로 압축되었다. 하나는 이민 교회임에도 내가 자기 집에 심방을 왔다는 것, 또 하나는 내가 화낼 수 있는 상황에서도 화를 내지 않았다는 것이다. 그때 나는 깜짝 놀랐다. 성도들은 말은 안 했지만 내가 화낼 만한 상황이라는 것을 알고 있었기 때문이다. 성도들도 내가 참은 것을 알고 있었던 것이다. 내가 만일 감정을 컨트롤하지 못하고 화를 내고 말았다면 무슨 일이 일어났을까? 생각만 해도 끔찍하다.

"저 목사님은 잘 안 웃어요."

"저 전도사님은 왜 그렇게 인상을 쓰고 있는지 모르겠

어요."

안 보는 것 같지만 성도들은 목회자들의 일거수일투족을 지켜보고 있다.

내가 가만히 보니 목회의 70퍼센트를 차지하는 가장 강력한 것이 웃으면서 인사하는 것이다. 목회자들이 그걸 잘 못해서 문제지만 말이다. 세상에서 가장 아름다운 사람은 아름다운 미소를 가진 사람이라고 하지 않는가.

교회에서 여자 전도사들은 어머니 같은 존재다. 집에서 어머니가 행복하면 가족이 다 행복하고, 어머니가 힘들면 다 같이 힘든 것처럼 교회의 분위기는 여성 사역자들의 몫이라 생각한다. 여성 교역자들이 환하게 웃고, 기뻐하고, 반갑게 맞아 주는 모습만으로도 은혜가 된다. 남자 교역자들에게 "목사님 얼굴만 봐도 은혜가 됩니다"라고 얘기하는 사람은 거의 없다. 그런데 여자 교역자들을 보고는 "전도사님 얼굴만 봐도 은혜가 되고, 힘이 나요"라고 말한다. 여성 사역자들은 얼굴빛 자체만으로도 공감이 가능한 능력을 가지고 있다.

사람들이 "저 사람 교만해"라고 말하는 경우, 그건 대부분 그 사람이 인사를 잘 안 해서 그러는 거다. 이는 특히 남자 교역자들이 귀담아들어야 하는 얘기다. 여성 사역자들은 말하지 않아도 잘한다. 사람은 누구나 환영 받기를 원하기에 교회에서 누구를 만나더라도 환한 미소를 띠고 밝게 인사하기 바란다.

시간 관리

"목사님, 안녕하세요? 많이 바쁘시죠?"

목회자들이 가장 많이 받는 인사 중 하나다. 대형 교회에서 사역하는 목회자라면 더더욱 그럴 것이다. 실제로 감당해야 할 일이 많아 바쁜 건 사실이다. 하지만 그렇지 않은 경우도 있다. 정작 해야 할 일을 하지 못할 때도 많고, 항상 바쁜 것도 아니라는 얘기다.

부교역자들이 흔히 범하는 실수가 있다. 자신이 얼마나 바쁜가를 드러내는 것이다. 바쁘면 바쁠수록 사역을 잘하는 거라고, 훌륭한 목회자라고 착각하기 때문이다.

관계 중심적인 여성 사역자의 경우 시간 관리에 취약하다는 평을 듣는다. 사람들과의 관계에 포커스가 맞춰지다 보니 시간관념이 좀 희박해지는 것이다. 여자들이 쇼핑이나 모임을 하고 나서 자주 하는 말이 무엇인지 아는가? 바로 "시간 가는 줄 몰랐다"이다. 자기들은 즐거운지 몰라도 시간

관념이 철저한 사람들은 그런 상황이 무척 힘들다. 또한 교회 사역과 집안일을 병행해야 하는 것도 (가정을 꾸린) 여성 사역자들의 시간 관리를 어렵게 하는 요인이다. 그들은 사람들이 자신을 다 이해할 거라 생각하는데 그렇지 않다.

목회자의 프로페셔널리즘(professionalism)에 비추어 볼 때 시간 관리는 굉장히 중요한 부분이다. 절대 사소하다고 무시하지 말고 시간을 잘 지키자. 그리고 바쁠수록 고도의 집중력도 함께 요구된다는 것을 기억하고, 집중력을 향상시킬 수 있는 자기만의 방법을 찾아보기 바란다.

우선순위 관리

일의 우선순위를 결정하는 요인은 무엇일까? 보통 중요도와 시급도를 가지고 네 부류로 구분한다. 1. 중요하고도 급한 일 2. 중요하지만 급하지 않은 일 3. 중요하지 않지만 급한 일 4. 중요하지도 급하지도 않은 일이 그것이다. 이것의 우선순위를 매긴다면 1…▸2…▸3…▸4이다.

일의 시급성보다 중요성에 따라 우선순위를 정해야 한다. 중요하고도 급한 일은 지금 당장 해야 하고, 중요하지만 급하지 않은 일은 당장은 아니더라도 일정을 잡아 해야 한

1 중요하고 급한 일	2 중요하지만 급하지 않은 일
3 중요하지 않지만 급한 일	4 중요하지도 않고 급하지도 않은 일

다. 그러나 급하지만 중요하지 않은 일은 굳이 내가 하지 않고 남에게 부탁해도 된다. 중요하지도 급하지도 않은 일은 나중에 하거나 하지 않아도 무방하다.

　여기서 중요한 게 해야 할 일과 하지 않아도 될 일을 구분해서 관리하는 것이다. 정말 중요한 게 무엇인지를 놓치게 되면 내가 해야 할 일이 아닌 다른 사람이 원하는 일에 내 에너지와 시간을 빼앗기게 된다. 그렇더라도 사람들은 내가 해야 할 일을 가지고 나를 평가한다는 사실을 잊지 말아야 한다. 안 해도 될 일을 잘해 냈다고 칭찬할 사람은 없다는 말이다. 빌립보서에는 "각각 자기 일을 돌볼뿐더러 또한 각각 다른 사람들의 일을 돌보아"(2:4)라는 말씀이 있다. 남의 일을 돌보기 전에 자기 일을 제대로 하는 게 먼저다.

　갑자기 어떤 일이 생기면 우리는 그것에 신경 쓰느라 우선순위를 놓치는 우를 범한다. 이론적으로는 중요한 일을 먼저 해야 한다는 걸 알면서도 실제로는 급한 일을 처리하기에 급급한 것이다. 물론 급하고도 중요한 일이라면 당장 하는 게 맞다. 문제는 급하지만 중요하지 않은 일을 처리하느라 정작 내가 해야 할 중요하지만 급하지 않은 일을 놓치는 것이다.

내게 정말 중요한 일은 무엇인지, 내가 꼭 해야 하는 일은 무엇인지 언제나 잘 판단해서 우선순위를 정하자.

스트레스 관리

"목사님은 스트레스를 어떻게 해소하십니까?"

내가 많이 받는 질문 중에 하나다. 대형 교회를 담임하다 보니 알게 모르게 스트레스를 받을 수밖에 없는데, 이는 비단 나만 해당하는 일은 아닐 것이다. 현대를 살아가는 사람 치고 과연 스트레스 없는 사람이 있을까? 스트레스는 어느 순간 우리 삶에 파고들어 여러 문제를 야기한다.

웬만한 사무실에 갖춰져 있는 복사기를 보자. 각 제품에는 저마다 스펙이 설명되어 있다. 예를 들어 A라는 복사기는 1년에 1만 장을 사용할 수 있다는 식이다. 그런데 일반적으로 스펙에 맞춰 딱 그만큼만 사용하는 곳은 거의 없다. 대부분 그 이상을 사용하며 많게는 두 배까지도 사용한다.

이상하지 않은가? 스펙을 뛰어넘는 성능을 가졌는데도 설명서에는 왜 그렇게 낮게 책정되어 있는 것일까? 이유는 간단하다. 바로 과부하 때문이다. 과부하가 걸리면 오래가지 못한다.

사역도 마찬가지다. 무엇보다 자신의 한계를 제대로 파악하고 이해하는 것이 중요하다. 내가 할 수 없는 일을 하려고 할 때, 내 한계를 인정하지 않고 무모하게 덤빌 때 과부하에 걸리게 된다. 실 가는 데 바늘도 가듯 과부하에는 스트레스가 따라붙게 마련이다. 이를 해결하는 방법은 간단하다. 생긴 대로 노는 것이다. 언제까지 내가 아닌 나를 보여주려 애쓸 것인가. 그냥 생긴 대로 내가 잘하고 즐기고 좋아하는 것을 하면 된다.

우리 교회 부교역자들이나 가족들과 영화를 볼 때 나는 감동적인 영화는 거의 안 본다. 주로 재밌는 것, 보고 나서 아무 생각도 들지 않는 영화를 본다. 가끔 이유를 묻는 사람들에게 나는 이렇게 대답한다.

"나는 이미 충분한 은혜와 감동을 받았습니다. 더 이상 감동이 필요하지 않아요. 나는 단지 즐기고 싶어요!"

생각을 비움으로써 나의 진정한 의미를 되새길 수 있는 시간이 필요한 것이다.

지구촌교회의 청빙을 받았을 때 나는 기도했다. 그때 하나님께서 내게 두 가지 깨달음을 주셨다. 하나는 하나님의 부르심이다. 내가 아니더라도 누군가는 그 자리로 오게 돼 있다. 그런데 많은 크리스천이 알다시피 그 자리가 보통 자리인가. 한국 교회에서 내로라하는 명설교가인 이동원 목사의 후임이니 얼마나 부담스러운 자리인가. 내가 청빙을 수락한 뒤 주위 사람들은 축하를 해야 할지 걱정을 해야 할지 모르겠다고 했다. 어떤 이들은 후임자가 어떻게 설교를 할지 주목된다고 했다. 하지만 어쩌겠는가. 이것이 하나님의 부르심이고, 누군가는 해야 할 일이라면 있는 모습 그대로 설 수밖에. 내가 잘하는 게 있고, 내가 못하는 것이 있고, 내가 더 개발해야 할 것이 있지만 최선을 다할 수밖에.

다른 하나는 믿음이다. 나는 충분히 준비되지 않았다고 생각하지만 하나님께서 나를 부르셨다면, 그분은 내가 지금까지 한 모든 훈련이 하나님이 부르신 그 일을 감당하기에 충분하다고 생각하신다는 믿음 말이다. 그러므로 내가 할 일은 최선을 다하는 것이다. 잘하지 못할 수도 있고, 성공하지 못할 수도 있다. 그러나 후회는 없어야 한다. 이게 중요하다.

언어 관리

"목사는 최소한 러닝셔츠는 입어야 한다."

선배 목사가 한 말이다. 세상에는 해야 할 말과 하지 말아야 할 말이 있다지만 선배의 말대로 일정한 선을 지켜야할 말도 있다. 아무리 하고 싶은 말도, 아무리 옳은 말도, 아무리 감동을 주고 변화를 가져오는 표현이라도 목회자는 목회자로서의 위엄에 어긋나는 말은 삼가야 한다.

최근 가짜뉴스 파동을 겪은 뒤 페이스북 등 SNS의 부작용이 심심찮게 보도되는 것 같다. 나도 페이스북, 트위터 등을 많이 하다 최근에 그만두었지만 예전 같지 않다. 갈수록너무 상업화돼서 페이스북에 친구 요청하는 사람들도 이제는 그냥 받아 줄 수 없는 실정이다. 그들이 자신의 담벼락에남긴 글을 보면 '이분이 목사 맞나?', '이분이 전도사 맞아?'하는 생각이 들 때가 많다. 자기 생각을 거침없이 쏟아놓는사람도 흔하게 볼 수 있다.

그래서인지 요 몇 년 사이 사이버 기록을 찾아 삭제해주는 디지털 장의사라는 새로운 직종이 생겨나 성업 중이라고 한다. 여러 이유에서 그런 서비스를 이용하겠지만 취직을 앞두거나 이직을 고려할 때도 자주 이용된다 하니 한편으로는 씁쓸하다. 지우고 싶고 감추고 싶은 내용이라면 애

초에 작성하지 않을 수는 없는 것인지…. SNS 활동을 하든 말든 그것은 자유이지만 목회자의 품위만은 잃지 않았으면 좋겠다.

말 한 마디로 천 냥 빚을 갚는다 했다. 같은 말이라도 아 다르고 어 다르다 했다. 우리가 내뱉는 한마디 한마디가 얼마나 중요한지 가르쳐 주는 속담이다. 그렇다면 부교역자들은 어떤 리더가 될 것인가? 이왕이면 성도들을 살리고 세워 주고 격려하는 리더가 되어야 하지 않겠는가.

나는 일주일에 두 번 PT(Physical Training)를 받는다. 1년쯤 되니 트레이너 없이 혼자서도 할 수 있겠다 싶었다.

'PT가 필요할까? 이젠 내가 혼자 해도 될 것 같은데, 아깝게 돈을 내고 PT를 계속 받아야 하나?'

트레이너가 하는 거라곤 내 옆에 앉아 숫자를 세는 게 전부라고 생각했기 때문이다. 그 정도면 내가 해도 된다 싶었다.

그러던 어느 날 내 생각이 잘못됐다는 것을 알았다. 트레이너는 그냥 숫자를 세는 게 아니었다. 하나, 두울, 셋…. 똑같은 것 같은데 트레이너의 소리에 맞춰 어느 지점에서 내가 더 힘을 내게 된다. 아홉 개를 하고 마지막으로 "하나 더, 하나! 자, 더!" 그러면 안 될 것 같던 것도 된다. 역기를 들 때도 그렇다. 무척 힘이 드는데 그때 트레이너가 슬쩍 손으로 받쳐 주면서 "저는 하나도 힘 안 줬습니다. 대기만 했어요" 한다. 그런데 신기하게도 대기만 했다는데도 힘이 불끈 솟아나 역기가 올라간다. 곁에서 숫자만 세어 주는데도 어디에 악센트를 주고 어떻게 세느냐에 따라 달라지는 내 몸을 보며 돕는다는 건 이런 거구나, 이게 바로 격려구나 하는 걸 깨달았다.

별것 아닌 것처럼 보이는 자그마한 행동, 마음을 담은 따뜻한 응원의 메시지, 위로와 격려의 한마디는 상대로 하여금 자신의 능력 이상을 발휘하게 만든다. 맡겨진 양 떼에게, 주의 일을 함께해 나가는 동역자들에게 그것만큼 든든한 힘이 또 있을까.

가정 관리

가정이냐 사역이냐, 참 쉽지 않은 문제다. 교회 사역을 하다 보면 가정에 소홀해지고, 가족에게 잘하려면 사역에 지장을 주고… 목회자들의 딜레마다. 그러나 언뜻 보면 상반되는 개념 같지만 둘은 밀접한 관계가 있다. 가정이 평안하고 정돈되어 있으면 사역도 순탄하게 가지만, 그렇지 못할 경우 사역이 힘들고 오래갈 수도 없다. 가족들의 사랑과 신뢰가 사역의 든든한 지원군인 셈이다. 따라서 사역과 가정의 균형을 맞추는 것이 중요하다.

하지만 안타깝게도 한국 교회 목회자들은 가정보다 사역에 올인한다. 그렇다 보니 나중에 은퇴하거나 건강상의 이유로 사역이 줄어드는 순간 가족들이 곁에 남아 있지 않는 경우가 생긴다. 그제야 아차 싶어 가족을 챙기려 하지만 때는 이미 늦었다. 결국 자신에게 남는 건 목회밖에 없고 그러니 더 목회에 열중한다. 목회가 나를 입증하는 존재감이 된 것이다. 그러면 목회가 내 인생의 목적과 가치가 되어 버려서 끝까지 붙잡고 내려놓지 못하게 된다. 그러다 때때로 인간적인 방법을 사용해 지탄을 받기도 한다.

우리가 잘 알고 있는, 한국 교회의 대표적인 멘토 목사님이 돌아가셨을 때의 일이다. 유족들이 장례식장에서 그분의 사진을 가지고 가족사진을 찍겠다고 했다. 목사님이 생전에 가족사진을 한 번도 찍은 적이 없기 때문이다. 그런데 돌아가신 목사님의 취미가 무엇이었는지 아는가? 바로 사진 촬영이었다. 참으로 비극이지 않은가.

특히 젊은 남자 교역자들에게 권면한다. 교회에서 사역을 마치고 집에 돌아가면 마냥 쉬고 싶을 것이다. 그런데 아내도 하루 종일 살림하랴 아이 돌보랴 힘든 시간을 보냈기에 쉬고 싶다. 남편이 돌아오길 기다려 잠시나마 아이를 맡기고 쉬려 했는데, 남편은 남편대로 피곤하니 좀 쉬게 해 달라니 둘 사이에 긴장감이 돌게 된다.

"그럼, 바꿔서 해 보자."

"한번 나가 봐라. 누가 더 힘든지 해 보자."

한 치의 양보도 없이 자기주장만 내세우다 보면 끝이 없다. 내가 지금까지 살아오며 배운 게 있다. 집에서 아이 돌보는 일이 밖에서 사역하는 것보다 훨씬 더 힘들다는 것이다. 이것을 빨리 깨달을수록 가정에 평화와 축복이 깃든다. 아내와 싸우려고 하지 마라. 이론적으로 시간을 계산하지 마라. 그냥 빨리 인정하라.

가족과의 관계가 중요하다. 가족, 자녀와 시간을 보내라. 사역에 쫓기다 보면 시간을 내는 게 쉽진 않겠지만 그래도 가족에게 우선순위를 두고 최선을 다해서 함께하라. 그 같은 노력이 쌓이고 쌓이면 어느새 두터운 신뢰가 형성된다. 그리고 그것은 아버지의 부재 상황에서도 빛을 발하게 된다. 또 그러는 사이 아이들도 자라고 바빠져 부모의 품을 떠나게 된다. 하지만 그 안에 가족에 대한 신뢰-아빠가 바쁘지만 우리와 시간을 보내려고 최선을 다하셨다-가 있기

부교역자 리더십

에 계속해서 자녀들과 좋은 관계를 유지할 수 있다.

외모 관리

외모 관리도 중요한 것 같다. 성형을 하지 않을 바에야 외모는 어떻게 할 수 없고, 있는 모습 그대로 하나님 앞에 나가는 거지만, 성경에서 말씀하시는 대로 단정한 모습으로 나아갈 수는 있다. 성도 중에 헤어 디자이너가 이런 말을 했다. 머리를 만지는 사람은 사람들이 자신의 나이를 알 수 없을 정도로 자기 자신에게 신경을 써야 한다고. 헤어 디자이너라는 사람이 머리도 옷차림도 엉망이라면 누가 그에게 머리를 맡기고 싶겠는가. 누가 봐도 "저 분은 도대체 몇 살이야? 당최 가늠할 수가 없네" 할 정도로 자기자신에게 신경을 써야 사람들이 믿고 머리를 하러 온다는 것이다. 교역자도 마찬가지다. 명품으로 단장할 수는 없어도 옷차림, 자세 등에서 목회자로서의 클래스를 보여 줄 수 있어야 한다.

담임목사와의
지혜로운 관계

이번에는 담임목사와의 관계에서 부교역자는 어떤 역할을 해야 하는지 살펴보자.

짐을 덜어 주는 사람이 돼라

담임목사에게 나는 어떤 존재인지 자문해 보라. 나는

담임목사에게 짐이 되는 사람인가? 아니면 담임목사의 짐을 덜어 주는 사람인가?

담임목사는 할 일도 많고, 생각할 것도 많고, 신경 쓸 것도 많다. 심지어 교회의 전등을 끄는 일도 담임목사의 몫이라고 한다. 그 말이 맞는 것 같다. 나도 지나가며 불필요한 전등이 켜져 있으면 끄게 된다. 사소해 보이지만 전등을 끄냐 안 끄냐로 담임목사와 부교역자가 차이가 난다는 이야기인데, 이는 책임감이나 주인의식과 관련된 것으로 해석할 수 있다. 쉽게 말해 부교역자라도 교회에 대한 책임감과 주인의식을 가질 때 보이지 않던 것들이 보이게 되고, 결국 담임목사의 짐을 덜어 줄 수 있다는 것이다.

교역자 회의 장면을 떠올려 보라. 이런저런 안건을 논의하다가 어떤 건에 대해 담임목사가 "이건 어떻게 할까요?"라고 질문을 던지는 경우가 있다. 그러고는 대개 교역자들을 빙 둘러보는데 그때 시선이 머무르는 사람이 있다. 바로 그가 담임목사의 짐을 덜어 주는 사람이다. 보통 제안을 하는 사람이 그 일을 맡게 되다 보니 일반적으로 부교역자는 제안을 하지 않으려 하고 또한 담임목사와도 눈을 마주치지 않으려 한다. 그러나 짐을 덜어 주는 부교역자는 기꺼이 나서서 그 사역을 감당한다. 그가 진짜로 담임목사에게 도움이 되는 사람, 담임목사가 믿고 맡길 수 있는 사람인 것이다.

또 하나, 담임목사의 짐을 덜어 주려면 그의 필요가 무엇인지 파악해야 한다. 무엇이 힘들고, 어떤 필요가 있으며, 그걸 어떻게 도울 수 있는지 알아야 한다. 그러기 위해서는 무턱대고 내가 하고 싶은 대로 하지 말고 때로는 담임목사에게 직접 물어보아야 한다. 여성 사역자들의 경우 기도가 큰 힘이 된다. 골방에서 혼자 기도하는 것으로 그치지 말고 가끔은 자신이 담임목사를 위해 중보하고 있다는 사실을 알려 주는 것도 좋다.

자기 일을 잘하는 사람이 돼라

"목사님, 점심 같이 하시죠."

"목사님, 커피 한 잔 어떻습니까?"

어느 부교역자는 기회만 되면 내게 이렇게 말했다. 처음에는 그와 교제도 하고 담임목사로서 부교역자를 격려하는 차원에서도 좋겠다 싶어 응했다. 그런데 문제가 생겼다. 정작 그가 해야 할 일은 하지 않으면서 자꾸 나와 시간을 보내려고 한 것이다. 그건 그에게도 내게도 도움이 안 되는 일이었다. 결국 나는 그에게 이렇게 말할 수밖에 없었다.

"목사님, 목사님이 나를 도와주는 것은 나와 시간을 보내는 것이 아니라 목사님에게 맡겨진 일을 잘하는 겁니다."

담임목사와 좋은 관계를 맺는 것은 중요하다. 그러나 그것에만 치중한 나머지 자기 일을 소홀히 한다면 문제가 있다. 관계를 잘 맺고 유지하는 것도 중요하지만 자기가 맡은 일을 잘하는 게 먼저다. 부교역자로서 무엇보다 자기 사역을 제대로 감당하는 것이 담임목사를 돕는 일이며, 또 묵묵히 그 일을 감당할 때 담임목사에게 힘이 된다는 걸 기억하기 바란다.

해결책을 제시하라

부교역자의 경우 문제가 생기면 애쓰지 않아도 비교적 쉽게 발견할 수 있다. 그리고 그것을 지적하는 사람도 많다. 그런데 한번 생각해 보라. 담임목사라고 그 문제를 모를까? 십중팔구 알고 있을 것이다. 다만 뾰족한 해결책이 없어서 그러고 있을 뿐이다. 그러니 부교역자는 문제만 지적하기보다는 대안을 함께 제시할 수 있어야 한다. 대안 없는 문제 제기는 아무런 도움이 안 된다는 얘기다.

그럼 대안(해결책)을 제시하려면 어떻게 해야 할까? 문제를 깊이 생각하고 진지하게 연구해야 한다. 지혜를 구해야 한다. 그렇게 얻은 대안이 100퍼센트 완벽하지 않아도 좋다. 문제 해결을 위해 노력하는 것 자체가 값지고 도움이 되기 때문이다.

담임목사에게 필요한 말을 하라

부교역자 중에는 정보통을 자처하며 담임목사에게 자신이 들은 것을 여과 없이 전달하는 이가 있다. 어떤 의도가 있는 것은 아니다. 그저 담임목사에게 도움을 주고 싶어서 그러는 것이다. 그런데 담임목사 입장에서는 그게 하나도 도움이 안 된다. A라는 사람은 이런 얘기를 했고, B라는 사람은 저런 얘기를 했고… 그런 것까지 시시콜콜 듣고 싶지 않다. 그걸 다 듣고 나면 더 신경 쓰이고 골치 아프다.

나는 그런 사람에게 이렇게 말하고 싶다.

"제가 꼭 들어야 할 말을 해 주십시오."

그대로 옮기지 말고 부교역자 선에서 걸러 담임목사에게 꼭 필요한 말만 하라는 것이다. 다시 말해 필요한 말과 흘려보내야 할 말을 정리해서 꼭 필요한 말만 하라는 것이다. 필요한 말은 담임목사가 듣게 하되 모든 말을 다 듣게 할 필요는 없다는 뜻이다. 그렇다고 듣기 좋은 말만 골라서 하라는 건 아니다. 이렇게 말하면 어떤 교역자는 아예 아무 말도 안 하는데 담임목사가 알아야 할 것, 들어야 할 것은 가감 없이 말해야 한다. 다만 지혜롭게 말해야 한다.

몸을 사리지 말라

사역을 하다 보면 경계가 모호한 일이 있다. 이쪽도 저쪽도 아닌 중간에 모호하게 끼어 있는 일이 있는 것이다. 그건 누가 해야 할까? 또 내가 맡은 일은 아니지만 갑자기 누군가 대신할 수밖에 없는 상황이 되었을 때 어떻게 해야 할까? 이런 상황이 닥치면 몸을 사리지 말고 도전하라고 권면하고 싶다.

다음 날 새벽기도회를 맡은 목사가 병이 나서 못 나오게 되었다고 하자. 누군가 대타로 서야 하는데 선뜻 나서지 않는다. 아마도 이런 생각에서일 것이다.

'지금 내 사역도 바빠 죽겠는데 무슨….'

'당장 내일 새벽기도회에 서야 하는데 지금 준비해서 제대로 할 수 있을까? 내 차례에나 잘해야지 괜히 나서서

죽 쑬 필요가 없지.'

'내 사역도 아닌데 내가 왜?'

'사서 고생할 필요 뭐 있어. 가만히 있자.'

대부분이 이런 생각으로 머뭇거릴 때 한번 나서 보라.

부교역자 시절 내게는 중요한 원칙이 있었다. 말씀을 전할 기회는 절대로 사양하지 않는다는 것이었다. 그게 어린이 설교든 시니어 설교든 상관하지 않았다. 기회가 주어지면 무조건 기도하고 준비해서 강단에 섰다. 심지어 당일에 갑자기 주어지는 기회도 마다하지 않고 최선을 다했다.

나는 부교역자 시절 '대타'의 은혜를 여러 번 경험했다. 기회 있을 때마다 하나님께서 주신 것으로 받아들이고 감사하며 감당했다. 그랬더니 그것이 또 다른 기회를 열었고 그를 통해 많이 성장하고 성숙할 수 있었다.

한번은 전도사 시절에 섬기던 교회에서 주일 저녁예배 설교를 맡게 되었다. 6·25주일로 초청한 상이용사 목사가 다른 교회에서 설교가 길어지는 바람에 시간을 맞추기가 어렵게 된 것이다. 그래서 갑자기 대타로 지명되어 어쩔 수 없이 말씀을 준비했다. 그런데 결과는 홈런이었다.

대타의 자리에 서 본 자만이 알 수 있고 누릴 수 있는 은혜가 있다. 하나님께서 어떻게 역사하시는지 체험하고 싶으면 몸을 사리지 말라.

만약 대신 말씀을 전할 기회를 잡아 강단에 서게 되거든 제발 이런 얘기는 하지 마라.

"사실은 1시간 전에 갑자기 하라고 해서 여기 섰는데….”

그저 최선을 다해 말씀을 전하라. 내가 지금 교회학교 설교할 군번인가, 이런 것 따지지 말고 하라.

뭐든지 맡길 수 있는 사람이 돼라

잘하는 것보다 더 중요한 것은 최선을 다하는 것이다. 그런데 간혹 능력도 없으면서 최선을 다하지도 않는 사람이 있다. 함께 일하는 사람으로서 그것처럼 괴로운 게 없다. 능력이 있든지 최선을 다하든지 최소한 둘 중 하나는 해야 하는데 잘하지도 못하면서 노력조차 안 하면 당황스럽다.

예전에 함께한 부교역자 중에도 그런 사람이 있었다. 어린이 사역을 담당했는데 준비를 잘 안 해왔다. 개인적으로 불러 얘기도 하고 상담도 하고 기도도 했다. 그래도 달라지지 않았다. 너무 답답한 나머지 한번은 이런 말까지 했다.

"목사님, 제가 부목사일 때 저는 그렇게 안 했거든요.”

그런데 어처구니없는 대답이 돌아왔다.

"그러니까 목사님은 담임목사가 된 거죠."

나는 그만 할 말을 잃고 말았다. 나중에 그는 다른 교회로 옮겼고, 그로부터 몇 년이 지나 나를 찾아왔다. 그는 자기가 한 행동은 까맣게 잊어버린 듯 그때 나와 함께 사역했을 때가 가장 행복했노라고 말했다. 나도 당시 그 순간에 참기를 잘했고, 함께하기를 잘했다는 생각이 들었다.

물론 최선을 다하지 않는 부교역자가 있으면 그를 두고 계속 기도했다. 그런 사람을 어떻게 받아들여야 하는지, 어떻게 해야 이해할 수 있는지 답을 찾기 위해서. 그 당시 나는 능력이 없는 건 어쩔 수 없다 쳐도 노력도 하지 않는 건 용납하기 어려웠다. 그래서 몹시 힘들었는데 나중에 하나님께서 깨달음을 주셨다. 노력하지 않는 것도, 노력하지 못하는 것도 능력이라고. 그걸 받아들이고 나니 이후로는 그런 사람을 만나도 이해가 됐다.

실력을 쌓은 능력자가 되든지, 최소한 성실하게 노력하는 사람이 돼라. 그럴 때 결과에 상관없이 담임목사가 믿고 일을 맡길 수 있는 사람이 될 수 있다. 여기에 한 가지 덧붙인다면, 남들이 쉽게 생각하지 못한 부분까지 신경을 쓰라는 것이다. 예를 들어, 담임목사의 설교 CD가 나왔다고 하

자. 부교역자들이 하나씩 갖고 있을지는 몰라도 직접 들어 보는 사람은 몇이나 될까? 그걸 들어 보고 설교 전에 나오는 인트로 찬양이 너무 빠른 것 같다는 등의 의견을 낸다거나 교회 홈페이지에 올라오는 설교 영상을 보고 피드백을 준다면 담임목사는 어떤 반응을 보일까? 너무 사소해서 아무도 신경 쓰지 않는 부분에 관심을 갖고 챙긴다면 담임목사는 분명히 감동을 받을 것이다.

관심도 능력이다. 조금만 관심을 가지면 보이는 게 훨씬 많다.

미팅 전에 미리 준비하라

내가 부교역자로 있을 때 담임목사와 얘기를 하다 보면 어느 순간 그분의 눈길이 자꾸 딴 데 가 있곤 했다. 5~10분쯤 얘기하면 동공이 흔들리면서 내가 바로 앞에 있는데도 신문을 뒤적거리는 것이었다. 나가야 되는 분위기였다.

'도대체 왜 저러시지?'

무시당하는 것 같아서 굉장히 불쾌했다. 내가 한국인이라서 그런 행동을 한다고 오해하기도 했다. 그런데 미국 목사들과 그에 대해 얘기할 기회가 있었는데 그들도 마찬가지라고 했다. 그때 깨달았다. 그건 내가 한국인이어서도, 부역자여서 무시하는 것도 아니라는 것을.

담임목사는 10분 정도 들으면 대충 무슨 얘기가 나올지 알아차린다. 상황 파악이 끝난 것이다. 담임목사가 되어 보니 나도 그랬다. 처리해야 할 일이 산적해 있는 담임목사로서는 그런 식으로 주의를 돌리는 것인데, 그걸 알 턱이 없는 부교역자로서는 그런 행동이 불쾌하고 황당할 수밖에 없는 것이다.

그러니 담임목사와 미팅이 잡히면 짧은 시간 안에 무슨 얘기를 어떻게 할 것인지 미리 준비하는 게 좋다. 준비 없이 만나서 이 얘기 저 얘기 생각나는 대로 횡설수설하면 십중팔구 낭패 보기 십상이다. 꼭 전해야 할 중요한 것들을 정확하고 간단명료하게 정리해서 가져가는 것도 한 방법이다.

물러설 때를 알라

부교역자 중에는 유독 자기주장이 강한 사람이 있다. 이런 사람의 특징은 자신의 의견이나 생각이 받아들여질 때까지 반복적으로 얘기한다는 것이다. 그는 담임목사에게 조언이나 고언을 한다는 명목으로 재차, 삼차 얘기를 꺼내지만 그건 좋은 방법이 아니다. 좋은 소리도 한두 번인데 하물며 그렇지 않은 말이야 말해 무엇 하랴.

앞에서 담임목사에게 필요한 말, 담임목사가 들어야 할 말은 반드시 하라고 했다. 맞다. 다만 딱 한 번만 하라. 부교역자의 책임은 거기까지다. 담임목사가 받아들이면 좋지만 만약에 받아들이지 않는다면 그건 전적으로 담임목사의 책임이다. 듣지 않는다고 계속해서 얘기하면 서로 지치고 나중에는 부정적인 얘기밖에 남지 않는다. 이런 경우 아무리 말해도 듣지 않을 것이다.

그러므로 담임목사에게 꼭 해야 할 얘기가 있을 때는 잘 준비해서 한 번에 끝내라. 거기까지가 부교역자의 책임이고, 바로 그 지점이 물러나야 할 때다. 물론 담임목사를 위한 기도는 계속해야 한다.

담임목사 편에 서라

담임목사의 편에 서라는 말은 담임목사가 틀려도, 잘못해도 무조건 용납하고 받아 주라는 뜻이 아니다. 담임목사도 실수하고 잘못할 수 있다. 그리고 잘못이나 문제가 있을 때 그것은 바로잡아야 한다. 다만 그것이 신학적으로 문제가 있거나 도덕적인 문제가 아니라면 부교역자는 담임목사를 서포트하는 역할을 해야 한다고 본다. 죄는 미워하되 사람은 미워하지 말라고 했듯이, 부교역자는 담임목사의 입장에서 생각하고 이해하기 위해 노력해야 한다.

또한 이 말은 성경적 권위를 세우신 하나님의 근본적인 원칙에 순종하라는 뜻이기도 하다. 잘못을 바로잡고 문제를 해결하는 것도 중요하지만 원칙적인 큰 그림에서 담임목사를 세운 하나님의 권위를 인정하라는 얘기다.

책임을 져라

요즘 국민들이 분통을 터뜨리는 것 중 하나가 잘못을 해 놓고도 누구 하나 책임지는 사람이 없다는 것이다. 하나같이 자기는 모르는 일이라고 잡아떼거나 상부에서 시켜서 어쩔 수 없었다며 책임을 회피한다. 그렇다고 책임이 없어지는가? 스스로 책임지지 않으면 다른 사람에 의해 책임이 지워질 수밖에 없다.

부교역자가 책임을 진다 해도 결국 최종 책임은 담임목사에게 있다. 내가 강조하고 싶은 것은 책임을 지려는 마음가짐, 자세다. 담임목사는 주어진 사역을 책임지고 최선을 다할 사람을 찾고, 부교역자는 자신을 키워 줄 담임목사를 찾는다. 그렇다면 답은 빠하다. 책임감을 갖고 맡겨진 사역에 최선을 다하는 부교역자를 가만둘 담임목사가 어디 있겠는가. 그런 사람은 키워 달라는 말을 안 해도 서로 데려가려 할 것이다.

담임목사와의 지혜로운 관계

동역자와의
지혜로운 관계

부교역자는 교회의 도구가 아니라 교회의 미래를 위한 동역자다. 이들은 그냥 없어지고, 낭비되는 존재가 아니라 함께 교회를 세워 가는 지체다. 또 부교역자는 담임목사와 성도 사이에서 동력을 전달하는 연결고리다. 이 역할을 잘 감당하기 위해 동역자로서 다른 교역자들과 어떤 관계를 맺어야 하고 성도와 어떠해야 하는지 살펴보자.

도와주는 사람이 돼라

내게는 사역을 하다 상처를 받거나 힘든 일이 있을 때면 생각나는 친구가 있다. 나는 곧잘 그에게 전화를 걸어 마음을 털어놓는다. 얘기를 듣던 친구는 마치 자기가 당한 것처럼 내게 상처 준 사람에게 욕을 해댄다. 그것을 듣는 것만으로도 나는 힐링이 된다. 그 친구는 자신이 나를 위해 얼마나 중요한 사역을 하고 있는지 잘 모르겠지만, 나는 그를 통해 정말로 많은 위로와 도움을 받고 있다.

사람들은 친구나 지인이 힘들어할 때 쉽게 다가가지 못하는 경향이 있다. 그 사람이 부담스러워하지 않을까 걱정이 앞서서, 그가 도움을 청하기 전까지는 기다려 주는 게 예의라고 생각해서 등의 이유에서다. 그를 배려하는 것 같지만 진정한 친구라면 어렵고 힘든 때일수록 더더욱 함께 있어 줘야 하지 않을까? 아무도 찾아오지 않을 때, 사람들의 비난을 받을 때, 그때 친구가 말없이 다가와 곁에 있어 준다면 얼마나 위로가 되겠는가.

사도 바울은 디모데를 가리켜 '너희 사정을 진실히 생각할 자'(빌 2:20)라고 했다. 참으로 멋진 말이다. 갈수록 각박해지는 세상에서, 무한경쟁으로 내몰리는 세상에서 내 것에 매몰되지 않고 다른 사람의 사정을 진실되게 생각하고 살피는 사람은 정말 귀하다. 그리고 우리 모두는 내 곁에 그런 사람이 있기를 바란다.

그렇다면 내가 먼저 그런 사람이 되어 주면 어떨까? 주의 길을 함께 걷는 동역자들의 사정을 살피고 도움이 필요할 경우 먼저 손 내밀어 주는 사람 말이다. 과부 마음은 과부가 가장 잘 알듯이 부교역자의 마음이야 같은 부교역자가 가장 잘 알지 않겠는가. 어떻게 하면 도와줄 수 있는지, 힘이 되어 줄 수 있는지 진실하게 생각해 보자. 경쟁자가 아닌 돕는 자가 되자.

자기 자신을 알라

신학교에서 강의해 보면 교역자의 99퍼센트가 자신은 가르치는 은사, 설교하는 은사가 있다고 말한다. 문제는 교인들이 그 말에 동의하지 않는다는 것이다.

한 목사가 어느 교회에 부임했다. 그는 밖에 나가면 교인들이 얼마나 착하고 말을 잘 듣는지 모른다며 자기는 정말 복 받은 목사라고 자랑하고 다녔다. 어느덧 3년이 지나 목사는 교회 건축을 추진했다. 그런데 이게 웬일인가. 그렇게 착하다던 교인들이 반대를 하더니 급기야 그 목사는 쫓겨나는 신세가 되고 말았다. 작별 인사를 할 때 그는 마지막으로 궁금한 질문을 했다.

"아니, 지난 3년 동안 그렇게 착하고 순종을 잘하던 여러분이 어떻게 한순간에 이렇게 변할 수 있습니까?"

교인들의 대답은 이랬다.

"우리가 3년 동안 얼마나 힘들었는지 아십니까?"

목사는 교인들이 착하고 순종적이라고 생각했지만 사실은 교인들이 그렇게 해 주느라 너무 힘들었던 것이다. 그래서 나는 참 행복한 목사라고 말하는 이들을 볼 때면 걱정이 앞선다. 자기는 행복한데 과연 교인들도 행복할까 싶어서다.

우리의 연약함 중 하나는 자기 성찰이 부족하다는 것이다. 성경 말씀처럼 내 눈에 있는 들보는 안 보이고 남의 티는 잘 본다. 우리 안에 자기애, 자기 집착, 자기 결핍, 자기 중독, 자기 의 등이 얼마나 많이 존재하는지 모른다. 그럼에도 자신은 들여다보지 않으면서 남의 것은 어찌 그리 잘 보고 훈수를 두는지 모른다.

자기 성찰은 신앙의 성숙과 비례한다. 인간은 누구나 완전할 수 없다. 온전하지도 않다. 보통 돈 문제가 있거나 돈 문제가 없으면 명예, 명예의 문제가 없으면 관계, 관계의 문제가 없으면 언어의 문제가 있는 등 어딘가에선 걸리게 마련이다. 전적으로 부패한 인간의 모습이다. 끊임없이 자신을 돌아보며 자신의 한계와 약점, 부족함을 직면해야 한다. 그 과정에서 우리의 신앙은 성숙해지고 관계의 질도 향상된다.

팀 빌더가 돼라

팀은 같은 목적을 가진 사람들이 모인 곳이다. 목적을 이루기 위해서는 몇 가지 원칙이 지켜져야 하는데, 이는 곧 팀을 세우는 것과 일맥상통한다. 무엇보다 신뢰가 우선되어야 한다. 팀장과 팀원, 팀원과 팀원 사이에 믿음이 있어야 한다. 그것은 서로를 향한 애정이 뒷받침될 때 더욱 공고해진다. 또한 서로를 존중해야 한다. 팀장이라고 팀원들을 함부로 대하거나 연차가 높다고 후배들을 마음대로 할 수 있다는 생각은 버려야 한다. 끝으로 같은 그림을 볼 수 있어야 한다. 다른 생각, 다른 마음, 다른 꿈을 품으면 끝까지 동행하기 어렵다.

한편, 팀을 세우기보다 깨는 경우도 심심찮게 발견된다. 가장 큰 이유는 팀 내에서 큰 비중을 차지하려는 욕심

때문이다. 남자 사역자들은 대부분 목사 안수를 받으면 사역지를 옮기게 된다. 그에 반해 여자 전도사들은 같은 곳에 오래 있다 보니 상대적으로 중요한 비중을 차지할 수 있다. 물론 자리 이동이 많지 않은 경우 남자 사역자들도 마찬가지다. 이때 자신을 돌아보는 겸손함을 잃으면 자칫 팀을 망치기 십상이다. 한 곳에 오래 머물다 보면 내가 가장 잘 안다는 자만에 빠진 나머지 자기주장을 굽히지 않아 문제가 발생하기 때문이다. 뿐만 아니라 팀 전체를 생각하기보다 자신만 드러내려 하거나, 팀을 자신의 야망을 이루기 위한 도구로 생각할 때도 팀워크는 깨지게 된다.

함께 일하는 교역자들과 한 팀이라는 생각으로 서로 신뢰하고 존중하며 같은 꿈을 꾼다면 훌륭한 팀 빌더가 될 수 있다.

정치적인 사람이 되지 마라

요즘처럼 정치인이 전 국민의 지탄의 대상이었던 적이 있을까? 정치를 해 보겠다고 선거에 출마할 때는 국민을 위해 모든 것을 바칠 것처럼 하다가 막상 당선되면 국민은 안중에도 없고 사리사욕을 채우느라 바쁜 사람들. 선거 기간 동안에는 한 표만 달라고 새벽부터 밤중까지 그렇게 유권자들을 찾아다니더니 당선만 되고 나면 발길을 끊고 신문이나 방송에서나 얼굴을 볼 수 있는 사람들. (물론 모든 정치인이 그렇다는 얘기는 아니다. 개중에는 국민과의 약속을 지키기 위해 고군분투하며 자주 현장의 목소리를 듣는 이들도 있다.)

비단 정치인이 아니라도 우리 주변에서 그런 사람들을 쉽게 볼 수 있다. 우리는 그런 사람을 가리켜 정치적이라고 말한다. 자신의 필요에 따라서 그때그때 변하는 사람, 이때는 이렇게 이야기하고 저때는 저렇게 이야기하며 자신이 원하는 것을 얻고자 하는 사람 말이다. 평소에는 연락 한 번 없다가 자기가 필요하면 불쑥 연락하는 사람도 밉상이긴 마찬가지다.

정치적인 사람은 신뢰할 수 없다. 그의 진심을 믿을 수가 없기 때문이다. 주님의 종이라면 적어도 그런 타이틀이 붙어서는 안 되지 않겠는가. 내 유익을 위해 사람들을 이용하지 말고, 늘 진솔하게 대하길 바란다. 정치적으로 계산하지 말고 작은 거라도 나누고 베풀기 바란다. 동료 교역자뿐 아니라 교회 간사들과 직원들에게도 관심을 갖고 신경을 써 주기 바란다. 사실 큰돈 들이지 않고도 마음을 전할 수 있다. 마음을 나눠 줄 때 마음을 얻는다. 그리고 사람의 마음을 얻으면 천하를 얻은 것과 진배없다.

모범을 보여라

나는 슬하에 자녀 셋을 두고 있다. 아주 오래전 일인데 아이들이 좀 컸을 때 이런 질문을 했다.

"엄마 아빠를 보면서 제일 기억에 남는 게 뭐야? 제일 많이 들었던 말은?"

잠시 생각하던 아이가 입을 열었다.

"으음, 엄마는 '안 돼!'라는 말이요. 맨날 뭐만 하려고 하면 이것도 안 돼, 저것도 안 돼 그랬어요."

"그랬구나. 그럼 아빠는? 아빠 하면 뭐가 기억나?"

"먹어! 먹어! 먹어!"

아이는 해맑게 웃으며 대답했다.

사역 때문에 늦게 들어가니 늘 아이들과 놀아 줄 시간이 부족했던 나는 그걸 만회하기 위해서라도 아이들이 밤에 뭘 먹겠다고 하면 아내의 반대에도 불구하고 먹으라고 했다. 아이들한테 점수를 딸 요량이었던 것이다. 아무리 그래도 그렇지 이런 대답이 돌아올 줄은 꿈에도 몰랐다.

그래도 명색이 목사가 자녀들에게 '먹어'라는 말을 가

장 많이 했다는 것은, 한편으로 내가 가정에서 목회자로서 영적인 모습을 보여 주지 않았다는 뜻이어서 반성이 되기도 한다.

최근에도 비슷한 경험을 했다. 목사들 모임에 가면 '이 분들이 목사 맞나?'라는 생각이 들 때가 있다. 그들이 나누는 대화 내용이나 주제가 너무나 이질감을 느끼게 하기 때문이다. 그렇다고 그들이 이상한 사람들은 아니다. 밖에 나가면 아주 영성 있는 목사로 통하는 분들이다. 아마도 내가 그랬듯이 그들도 그들 자신에 대해 영적인 평가를 듣고 싶을 것이다. 하지만 내 아이들이 그랬듯이 나도 그들의 기대와는 다른 답을 할 것 같다.

당신은 어떤가? 사역 현장에서 보이는 모습과 일상의 삶에서 보이는 모습이 같은가? 가정에서, 담임목사 앞에서, 성도들 앞에서, 동역자들 앞에서 똑같은 모습을 보이는가? 각각의 모습 사이에 괴리가 없을 때 사람들은 그를 존경한다. 그렇다고 무조건 잘 보이려고 포장을 하라는 것은 아니다. 겉모습은 그럴싸하게 꾸밀 수 있어도 중심은 속일 수 없고, 그것은 언젠가는 드러나게 마련이다.

모범을 보이는 것, 쉽지 않다. 하지만 모범이 되지 않으면 모델이 될 수 없다.

논쟁하지 말라

때때로 교역자들끼리 신학적인 문제나 의견의 차이로 논쟁을 벌인다. 충분히 그럴 수 있다고 본다. 하지만 성도들은 목회자들이 논쟁하는 모습을 보고 서로 싸운다고 생각하기 쉽다. 서로 사이가 안 좋은가 보다고 생각할 수 있다.

그러므로 불필요한 논쟁은 피하라. 신학적인 문제든 사역의 문제든 관계의 문제든 그 어떤 것도 논쟁하지 말라. 논쟁해서 얻는 건 아무것도 없다. 그냥 서로의 다름을 인정하고 존중하라. 상대를 바꿀 수 없다면 동역자로서 서로 같은 입장이라는 것에 더 집중하라.

부교역자 리더십
발휘하기

끝으로 주어진 사역 가운데 부교역자는 어떤 리더십을 발휘해야 하는지 살펴보자. 맡겨진 사역을 어떻게 감당할 것인지, 그 속에서 자신을 따르는 사람들을 어떻게 이끌 것인지를 살펴보려 한다.

장기 계획을 수립하라

부교역자는 자신이 담임목사가 아니고 부교역자라는 이유 때문에 맡은 부서나 사역에 대한 장기 계획 없이 그냥 접근할 때가 많다. 자신이 언제까지 그 자리에 있을지 장담할 수 없기 때문이다. 하지만 큰 그림과 장기 계획 없이는 어떤 일도 제대로 도모할 수 없다. 단발적인 때우기로는 성장을 기대하기 어렵다. 따라서 어떠한 경우에도 부교역자는 사역에 대한 목회 철학과 장기 계획을 수립해야 한다. 자신의 거취 문제와 상관없이 말이다.

목회자들이 약한 것 중 하나가 목회 철학과 장기 계획을 세우는 일이다. 그래서 많은 경우 정확한 목회 철학 없이 그냥 열심히 목회한다. 열심히만 하면 될까? 부품이 주어졌고, 열심히 조립한다고 해서 자동차가 되지는 않는다. 설계도가 있어야 제대로 조립할 수 있고 그래야 비로소 자동차 본연의 역할을 할 수 있게 된다. 목회도 마찬가지다. 모든 부서와 사역에는 목회 철학이 반영된 청사진이 필요하다.

지금 맡고 있는 부서의 장기적인 계획을 가지고 있는가? 중요하게 여기는 목회적 가치는 무엇인가? 이것이 명확할 때 풍성한 열매를 얻을 수 있다. 물론 이는 부교역자 혼자서 할 수 있는 일이 아니다. 지금도 기억나는 게 부교역자 시절에 섬기던 교회의 당회에서 교육 목회 철학을 발표했다가 한 장로에게 "부교역자가 무슨 목회 철학이냐?"고 핀잔을 들은 적이 있다. 부서의 장기 계획을 짤 때는 교회의 목회 철학과 큰 그림에 부합해야 한다는 점도 유념하기 바란다.

전문가가 돼라

담임목사는 제너럴리스트(generalist), 부교역자는 스페셜리스트(specialist)가 되어야 한다. 담임목사는 교회 전체를 이끌고 아울러야 해서 다양한 분야의 지식과 정보를 두루 갖추어야 하고, 부교역자는 특정 분야에서 뛰어난 능력을 갖추어야 한다는 것이다.

우리는 병원에 가면 의사의 권위에 따른다. 의사가 "단추 푸세요" 하는데 "왜요?"라고 토를 다는 사람은 없다. 누우라면 눕고, 입을 벌리라면 벌린다. 그 분야에서는 그가 전문가이기 때문이다.

마찬가지로 부교역자는 자신에게 주어진 일에서만큼은 전문가가 되어야 한다. 담임목사가 부교역자에게 의견을 묻는 것은 곧 전문가의 의견을 구하는 것인데, 전문가의 의견이 제너럴리스트인 담임목사보다 못하다면 문제가 있지 않겠는가. 음악이면 음악, 예배면 예배, 교육이면 교육, 목양이면 목양, 심방이면 심방, 어린이 사역이면 어린이 사역 등 자신의 분야에서 전문가가 돼라. 그러기 위해서는 그 분야를 계속해서 연구해야 하고, 특히 디테일에 신경 써야 한다.

특히 한국 교회에서 이 부분이 매우 중요하다고 생각한다. 이제는 한국 교회가 교역자들의 전문성을 인정해 주고, 그들에게 그에 상응하는 대우를 해 주는 방향으로 가야 한다. 아울러 신학교에서는 좀 더 세분화된 전문적인 교육과 훈련이 이루어져야 한다.

교회 전체를 보라

부교역자가 범하기 쉬운 실수 중 하나는 나무만 보고 숲을 보지 못하는 것이다. 다시 말해 온통 자기 사역에 집중하다 보면 교회 전체를 보지 못하고, 자기 부서 중심적인 이익 집단이 되어 버리는 것이다. 훌륭한 부교역자라면 교회의 큰 그림을 볼 수 있어야 한다. 이를 통해 교회 사역을 전반적으로 이해하고 도울 수 있으며, 자신이 맡은 사역의 위치와 역할을 알 수 있다.

어떻게 하면 교회의 큰 그림을 볼 수 있을까? 나는 두 가지를 추천하고 싶다.

첫째, 질문하라. 교회의 목회 철학과 방향, 비전에 대한 질문이 필요하다. 잘 알고 있고, 그에 대한 답도 많이 가지고 있다고 생각하겠지만 부교역자인 지금이 질문이 가장 많이 필요한 때다. 질문을 통해서 배우고 익혀야 하는 것들이 존재하기 때문이다.

둘째, 내 사역뿐만 아니라 다른 사역에도 동참해 보라. 다른 기회가 생기면 주저하지 말고 동역해 보라. 그것을 통해 교회 사역에 대한 이해의 폭이 넓어지고 시야가 확장되는 것을 경험하게 될 것이다.

교회가 어떻게 돌아가는지, 영적인 흐름은 어떤지를 볼 수 있는 눈을 가져야 한다. 눈은 시각을 의미하는데, 그것은 그런 시각을 가진 담임목사나 교회 리더들을 통해서 배울 수 있다. 내 부서도 중요하지만 내 부서가 어떻게 전체성을 띠고 교회의 큰 그림에 맞춰 갈 것인가를 볼 수 있을 때 내 부서 사역의 전문성도 살게 된다.

요즘 들어 교회를 제대로 이해하고 아는 교역자가 얼마나 중요한가라는 생각을 자주 하게 된다. 교회 일을 열심히 하는 교역자를 말하는 게 아니다. 정말로 그리스도의 몸 값을 주고 사신 그 피맺힌 교회, 영광스러운 하나님의 교회를 사랑하는 부교역자, 큰 그림을 볼 수 있는 부교역자, 바로 그들이 자기 사역을 극대화할 수 있다.

일하는 사람들을 키우라

함께 일하는 사람들을 세우고 키우는 일은 매우 중요하다. 부교역자는 top leader, first chair가 아닐지 모르지만 second chair다. 따라서 함께하는 사람들을 성장시켜야 할 책임이 따른다.

파키스탄을 방문했을 때 거기서 교육 사업을 하는 무슬림 부부를 만난 적이 있다. 영어도 잘하고 스마트한 사람들이었다. 리더십에 관한 얘기를 나누던 중 남편이 굉장히 흥미로운 질문을 던졌다.

"리더는 팔로어를 만드는 겁니까, 리더를 만드는 겁니까?"

잠깐 생각한 뒤 나는 대답했다.

"물론 리더죠."

리더는 리더를 만드는 사람이다. 자신을 위해 팔로어를 만드는 것이 아니라 사람들을 리드할 수 있는 리더를 만들어야 한다. 당신은 지금 리더를 만들고 있는가? 어쩌면 당신은 담임목사가 나를 키워 주지 않는다고 불평하면서도 그와 똑같이 행동하고 있을지도 모른다. 그렇다면 당신과 그가 다른 점이 무엇인가?

지구촌교회에 부임한 지 얼마 안 되었을 때의 일이다. 팀장급 목사 열 명과 수련회를 갔는데 한 목사가 내게 지구촌교회의 DNA는 뭐냐고 물었다. 원로목사는 설교와 셀이 지구촌교회의 중요한 DNA라고 설명했는데 새로 온 나는 무엇을 중요하게 여기는지를 묻는 것이었다.

"제가 생각하는 지구촌교회의 DNA는 바로 여러분들입니다."

순간 적막이 감돌았다. 그들이 생각지 못한 답이 나왔기 때문이다.

목사가 유명한 교회가 있다. 건물이 유명한 교회도 있다. 특정 사역을 잘하는 교회로 이름난 곳도 있다. 프로그램이 좋기로 소문난 교회도 있다. 그런데 리더를 잘 만드는 것으로 유명한 교회가 있는가? 팔로어들이 유명한 교회가 있는가? 부교역자들이 유명한 교회가 있는가? 안타깝게도 그런 것으로 명성이 자자한 교회는 아직까지 못 들어 봤다. 그런 점에서 어쩌면 우리는 정말 중요한 것을 놓치고 있는지도 모른다.

부교역자 리더십이 중요한 이유는, 톱 리더의 비전과 영향력도 중대하지만, 직접적인 사역의 현장에서 리더십을 발휘하는 것은 바로 부교역자이기 때문이다. 따라서 부교역자들이 맡고 있는 사역 하나하나가 중요하지 않은 게 없다. 맡은 영혼들을 올바로 인도하고 자신은 물론 팔로어까지 성장시키는 부교역자 리더십은 한국 교회에서 아주 중요한 역할을 담당하고 있으며 그 의미 또한 크다.

리더 때문에 성공할 수 있는 팔로어들이 많아졌으면 좋겠다. 팔로어의 성공이 리더의 성공이고, 리더의 성공이 팔로어의 성공인 공동체, 상상만으로도 기쁘지 않은가. 사역하면서 얻는 제일 큰 기쁨 중에 하나는 동역자들이 따르는 사람들과 함께하면서 성장하는 모습을 보는 것이다. 그것이 얼마나 큰 기쁨과 환희를 가져다주는지 이루 다 말할 수가 없다. 아직까지 이 기쁨을 맛보지 못했다면 지금부터라도 함께 일하는 사람들을 세우고 키우는 일을 시작해 보기 바란다.

평신도 리더와 좋은 관계를 가져라

우리가 하는 대부분의 사역은 성도와 함께 이루어진다. 어떤 사역이든 어떤 부서든 그곳에는 평신도 리더가 존재한다. 그리고 교역자가 그들과 어떤 관계를 갖느냐에 따라 사역의 성패가 갈린다고 할 수 있다.

간혹 부서를 옮길 때마다 거기에 있는 평신도 리더들과 부딪치는 교역자가 있다. 그건 두고두고 발목을 잡는다. 장로교의 경우 당회의 리더십이 얼마나 중요한지 모른다. 많은 목회자가 당회 때문에 몹시 힘들어한다. 어떤 목사는 '회' 자가 들어간다고 회도 안 먹는다고 한다. 피를 말린다는 말이 있는데 그들은 당회가 그렇다고 말한다. 이럴 때 목회자는 평신도 리더들을 자기 사역에 사사건건 브레이크를 거는 사람으로 인식하게 되는데, 그런 시각은 자신은 물론이거니와 성도들의 성장에도 방해가 된다. 목회자에게도 성도에게도 득이 될 게 하나도 없다는 얘기다.

어떤 목회자는 이 문제를 관계로 풀려고 한다. 평신도 리더들에게 이것저것 해 주고 여행도 같이 가고 친하게 지내는 것이다. 하지만 이 해법은 기대와 달리 역효과를 내기도 한다. 너무 자주, 너무 깊이 교제를 하면 관계가 오히려 더 어려워질 수 있다. 이민 교회 목회자들 사이에서는 이런 얘기가 있다.

"청빙위원 중 공항에 마중 나온 사람이 나중에 목회자를 내쫓는 사람이 된다. 잘 오셨다며 마음 놓고 쓰라고 신용카드를 주는 사람이 나중에 가장 큰 걸림돌이 될 수 있다."

목회자가 성도들과의 관계에서 어떻게 처신해야 하는지 고민하게 만드는 대목이다.

목회에서 가장 힘든 것이 무엇이냐고 묻는다면 나는 사람이라고 답할 것이다. 사람은 제일 큰 기쁨이 되기도 하지만 제일 큰 고통이 되기도 한다. 사람은 제일 큰 영광이 되기도 하지만 제일 큰 상처가 되기도 한다. 그래서 목회를 하다 보면 인간이 과연 변하는가라는 질문을 스스로 하게 된다. 어떻게 보면 도무지 변할 것 같지 않다. 그런데 다른 한편으로는 변하는 게 보인다. 오랜 시간 목회를 하면서 내가 얻은 목회에 대한 정의는 이것이다.

'목회는 인간에 대한 끊임없는 회의와 하나님에 대한 끊임없는 소망이 교차되는 것이다.'

변하지 않을 것 같은 인간에 대한 끊임없는 회의와 변화시킨다는 하나님의 끊임없는 소망이 교차되는 곳이 목회 현장이고, 그것이 바로 목회자들이 여전히 그 자리를 지키는 이유다.

회의가 많으면 회의가 든다는 말이 있다. 그 말을 처음 들었을 때는 회의 시간이 길고 회의가 많으면 그것 때문에 힘들다는 뜻으로 이해했다. 그러나 요즘에는 그렇게 생각하지 않는다. 회의 시간이나 횟수의 문제가 아니라 회의에 참석하는 사람들 때문에 회의가 든다는 것이다.

사실 직분을 맡기 전에는, 부서의 책임을 맡기 전에는, 리더가 되기 전에는 교역자들을 위해 주고 기도해 주고 친절하기 이를 데 없다. 그런데 회의만 들어오면 사람들이 이상하게 바뀐다. 엉뚱한 소리를 하고 부정적인 말을 쏟아 놓는다. 파워가 얼마나 무서운 것인지를 실감하는 순간이다. 그런 사람들과 계속해서 동역해야 한다는 생각에 마음이 무거워지는 순간이기도 하다. 하지만 어쩌랴. 그게 목회자의 숙명인 것을. 사람들 때문에 회의가 들어도 하나님께서 변화시키실 것을 소망하며 그들과 좋은 관계를 유지하며 동역해야 하는 것이다.

평신도 리더들과 좋은 관계를 맺기 위한 두 가지 방법을 제안한다. 특별할 것 없는, 다들 알고 있는 것이다. 바로 '인사'와 '섬김'이다. 인사는 앞에서도 얘기했듯이, 자신의 타이틀을 내려놓고 겸손하게 먼저 인사하라. 섬김은 여러 가지 의미가 있지만 여기서는 밥 좀 사라는 뜻이다. 내 아버지가 장로님인데 내게 종종 이런 말씀을 하신다.

"목사도 대접할 줄 좀 알아라. 맨날 얻어먹지만 말고."

대접 받는 걸 당연하게 여기지 말고 성도들을 대접하라는 것이다. 비싼 것 아니더라도 "장로님, 제가 내겠습니다" 하면 장로는 대개 "내가 목사님한테 이것 얻어먹으면 소화가 안 되지" 하면서도 얼마나 좋아하는지 모른다. 작은 거라도 섬김을 통해 얼마든지 그들의 마음을 얻을 수 있다.

돈 문제에서 깨끗하라

사람이 완전할 수는 없다. 잘하는 부분이 있는가 하면 못하는 부분이 있다. 각자 연약한 부분이 있다는 것이다. 그럼에도 불구하고 우리는 기본적으로 갖춰야 할 중요한 것들은 고수할 수 있어야 한다. 그중 하나가 돈 문제다. 사역비 등 교회 재정은 투명하게 관리해야 한다. 누가 봐도 고개를 끄덕일 정도로 정확하고 깨끗하게 관리해야 한다. 이는 아무리 강조해도 지나치지 않는다.

하지만 주위를 둘러보면 이게 잘 관리되지 않아 어려움을 겪는 리더나 교회가 적지 않다. 자체적으로 해결되지 않아 결국 법정 다툼까지 가는 경우도 심심찮게 본다. 이런 일을 겪지 않으려면 작은 일을 맡을 때부터 철저히 훈련해야한다. 행정에 은사가 없는 사람은 자칫 잘못하면 펑크가 날수도 있고, 그때그때 정리하지 않으면 영수증을 분실할 수도 있으니 더욱 주의를 기울여야 한다.

비전을 숙성시켜라

하나님께서 우리 공동체에게 주신 비전을 숙성시켜야한다. 쉽게 말해 비전을 발전시켜 나가야 한다는 것이다. 비전은 마음에 그려지는 그림이다. 리더는 단순히 그것을 보는 것으로 그치지 않고, 자신을 따르는 자들이 하나님께서보여 주신 비전을 동일하게 볼 수 있도록 도와야 한다. 리더가 비전을 받고 선포하는 일도 중요하지만 그것을 나누는일도 그에 못지않게 중요하다는 얘기다. 공유되지 않은 비전은 실현되지 않기 때문이다.

리더는 자신에게 맡겨진 사람들을 향한 하나님의 목적이 무엇인지를 알아야 그들을 그곳까지 인도할 수 있다. 그러기 위해서는 먼저 하나님을 알고, 맡겨진 사람들을 알고, 상황을 알아야 한다.

지구촌교회의 비전은 민족을 치유하고 세상을 변화시

키는 것이다. 내가 막 부임했을 때 많은 사람이 물었다.

"담임목사님의 비전은 뭡니까?"

담임이 바뀌었으니 교회의 비전도 바뀔 거라고 생각한 모양이다. 나는 그들에게 이전과 똑같다고 대답했다. 리더가 바뀐다고 비전도 바뀐다면 그 공동체를 향한 비전이 하나님께로부터 나왔다고 이야기할 수 있겠는가. 다만 그 비전을 실현시키기 위한 각론은 다를 수 있다고 생각한다.

예를 들어, 나는 우리 교회의 비전을 이루기 위해 3N, 3G를 내걸었다. 민족 치유를 위한 3N과 세상 변화를 위한 3G인데, 각각 알파벳 N과 G로 시작하는 세 가지로 첫 글자를 따서 3N과 3G로 명명했다.

우선 민족을 치유하려면 민족의 가장 아픈 곳이 어딘지 알아야 했다. 내가 찾은 것은 북한(North Korea), 다음 세대(Next Generation), 변화하는 사회 속의 새로운 가족(New Family)이다. 다음으로 세상을 변화시키기 위해 필요한 것들을 고민했다. 그것은 지상 대명령인 선교(Great Commission), 글로벌 처치(Global Church), 경건한 리더(Godly Leaders)다. 하나님의 복음, 하나님의 교회, 하나님의 사람들을 통해서 세상을 변화시키고자 한 것이다.

이렇게 3N, 3G의 그림이 완성되자 나는 성도들에게 그 비전을 선포했다. 교회의 셀 그룹과 소그룹을 통해 비전은 성도들에게 더 깊이 있게 공유되었고, 기도 가운데 관련 부서와 조직이 만들어지고 예산이 배정되었다. 그리고 몇 년이 지난 지금 그 비전은 점점 더 숙성되어 가고 있다.

담임목사가 제너럴리스트라면
부교역자는 스페셜리스트다

Chapter **4**

부자 리더십,
어떻게 개발되는가?

리더의
탄생

파노라마 시각을 가진 리더

리더는 만들어지는가, 타고나는가? 이 질문은 리더십을 연구하는 학계에서 가장 오래된 질문이다. 리더는 어떻게 리더가 되느냐는 것이다. 안타깝게도 학계에서는 정확한 답을 내놓지 못하고 있다. 다만 요즘에는 둘 다라는 모호한 주장이 나오긴 했다.

하지만 세상이 모르는 답을 크리스천은 분명하게 알고 있다. 바로 하나님께서 리더를 만들고 세우신다는 것이다. 그렇다면 하나님께서는 우리가 리더가 되기를 원하실까? 물론이다. 하나님께서는 그분이 창조하신 의도와 주신 은사대로 우리가 영향력 있는 리더가 되기를 원하신다.

하나님께서는 모든 사건과 만남과 상황을 사용하셔서 우리를 리더를 만드신다. 그런데 문제는 그 사건과 만남과 상황이 다 긍정적이지는 않다는 것이다. 정말이지 일어나지 않았으면 하는 사건이 있는가 하면 아주 좋은 사건이 일어나기도 한다. 평생 기억에 남는 좋은 만남이 있는가 하면 안 만났다면 더 좋았을 만남도 있다. 상황도 마찬가지다. 그럼에도 불구하고 하나님께서는 이 모든 것들을 통해서 우리를 리더로 만들어 가신다.

리더가 리더가 되는 과정을 좀 더 자세히 들여다보면 이렇다. 긍정적이든 부정적이든 삶에 지대한 영향을 끼치는 사건이나 만남, 상황이 벌어지고 우리는 그것에 반응하게 된다. 여기에 시간이 더해지고, 결국 이 모든 것이 어우러져 리더가 만들어진다. 이 모든 과정은 한 편의 파노라마와 같다. 파노라마 시각을 가진 리더는 인생의 모든 사건과 만남과 상황을 자신을 리더로 세우고 만들기 원하시는 하나님의 과정으로 바라본다.

이혼한 가정에서 힘들게 자란 사람이 있다고 하자. 개중에는 훗날 자기도 이혼하고 어렵게 살아가는 사람이 있는가 하면, 이혼 가정의 아픔을 누구보다 잘 알기에 그런 가정을 돕겠다고 결심하고 상담의 길을 걷는 사람도 존재한다. 한편, 아주 좋은 환경에서 태어나고 자란 사람이 안 좋은 길로 빠지기도 하고, 정말 가난한 집에서 태어났지만 잘 자란 사람들도 얼마든지 찾아볼 수 있다.

나는 고등학교 때 부모님을 따라 미국으로 이민을 갔다. 그것은 내 인생에 지대한 영향을 끼쳤다. 낯선 땅에서 벌어지는 사건과 만남, 새로운 환경에 적응하고 반응하면서 많은 것을 배울 수 있었다. 하나님께서는 그 모든 과정을 사용하셔서 내가 오늘 이 자리에 이르기까지 은혜를 주시고 키우셨다.

지구촌교회의 담임목사로 부름을 받은 가장 큰 이유 중 하나는 Global Mission Church라는, 지구촌교회의 미션에 걸맞은 글로벌한 마인드를 가진 목사가 필요하다는 것이었다. 내가 이민을 갔을 때 그걸 어떻게 알았겠는가. 시간이 지나 신앙의 여정을 뒤돌아보니 하나님께서 내 삶에 계속해서 역사하셨음을 알게 되었다. 하나님께서는 이미 내 삶 가운데 다양한 사건과 만남, 상황을 허락하셨고, 그것이 긍정적이든 부정적이든 나를 리더로 세워 가도록 영향을 끼치게 하셨다.

하나님께서는 오늘도 일하고 계신다. 긍정적이든 부정적이든 구애 받지 않으시고 모든 사건과 만남과 상황을 사용해서 리더를 만들고 계신다. 이것을 볼 수 있는 사람, 즉 파노라마 시각을 가진 사람은 복되다. 자신의 삶을 하나님의 시각으로 바라볼 수 있기 때문이다.

모든 것이 합력하여 선을 이룬다

담임목사가 어찌나 힘들게 하는지 계속 목회를 해야 하는지를 두고 심각한 고민에 빠진 한 전도사가 있었다. 문제는 해결되지 않은 채 시간이 흘렀다. 한참 뒤에야 그는 깨달았다. 그 과정을 지나는 동안 권위가 무엇이고 권위에 순종한다는 게 무엇인지를 알게 된 것이다. 또 그 과정이 관계 훈련이었으며, 덕분에 나중에 담임목사가 되었을 때 어떻게 부교역자를 대할 것인가에 대한 답을 얻게 되었다. 그런 과정이 없었더라면 깨닫지 못하고 배울 수 없었을 것을 일찌감치 배움으로써 지금 이만큼이나마 역할을 감당하게 되었다고 그는 말했다.

고통스러운 시간을 지날 때는 너무 힘들어서 미처 생각하지 못하지만, 어느 순간 파노라마 시각을 갖게 되면 퍼즐처럼 흩어져 있던 것들이 하나의 그림으로 맞춰진다.

'아, 하나님께서 그 과정도 사용하셨구나! 그걸 통해서 나를 이렇게 빚어 오셨구나!'

이는 말씀으로도 확인된다.

> 하나님을 사랑하는 자 곧 그의 뜻대로 부르심을 입은 자들에게는 모든 것이 합력하여 선을 이루느니라 롬 8:28

이를 보면 선이 갑자기 이루어지는 것처럼 느껴지지만 사실은 그렇지 않다. 헬라어 원어와 영어성경을 보면 한글성경에는 보이지 않는 주어가 등장한다.

"For God causes all things to work together."

하나님께서 합력하여 선을 만들어 내신다는 것이다. 우리는 이 말씀에서 하나님의 선하신 의도와 그 의도대로 선하게 일을 이루시는 하나님의 역사를 볼 수 있다.

하나님께서는 나를 리더로 세우셨다. 그분은 창세 전부터, 모태에 잉태되기 전부터 나를 영향력 있는 리더로 세우고자 계획하셨다. 그것을 위해 많은 과정을 준비하고 훈련시키셨다. 어쩌다 보니 목회의 길에 들어선 것도 아니고, 공연히 전도사, 목사가 되어 지금 이 고생을 하고 있는 것도 아니다. 우리 모두는 하나님께서 의도하신 대로 이 길을 걷고 있으며, 주님의 인도하심을 따라 그분이 예비해 놓으신 과정을 지나고 있다.

그러므로 우리는 파노라마 시각을 가지고 매사에 이런 질문을 던져야 한다.

"이 사건이 어떻게 나를 더 훌륭한 리더로 만드는가?"

"이 만남이 어떻게 나를 더 훌륭한 리더로 준비시키는가?"

"이 상황이 어떻게 내 잠재력을 더 계발시키는가?"

리더십의
발달 과정

　　풀러신학교의 로버트 클린턴(J. Robert Clinton) 교수는 리
더십의 발달 과정을 크게 6단계로 나눴다. 리더십의 기초를
세우고, 리더십을 형성하고, 훈련하고, 성장하고, 집중하고,
마지막으로 피날레하는 것까지다. 우리는 이것을 살펴봄으
로써 리더의 성품이 자라고, 리더십의 기술이 발전되고, 리
더십의 가치가 성장하는 것을 기대할 수 있다.

우선 리더십을 계발하면 구체적으로 어떤 유익이 있는지 살펴보자.

첫째, 자신의 모든 잠재력을 지체하지 않고 계발할 수 있다. 큰 그림을 보면서 자신에게 무엇이 필요하고 어디로 가야 하는지를 볼 수 있으니 끊임없는 계발과 성장이 가능하다는 것이다. 리더십의 각 단계별 특성을 알 수 있고, 자신의 현재 위치를 점검해 볼 수 있어 어떤 훈련이 더 필요하고 무엇을 보충해야 하는지를 발견하게 된다.

둘째, 위기 때에도 자신 있게 결정할 수 있다. 때로 부정적이고 힘든 위기의 시간을 지나게 되는데, 그때 그것이 위기가 아니라 하나님의 계획 가운데 자신을 훈련하시는 하나의 과정이라는 것을 깨닫고 여전히 하나님을 신뢰하며 자신 있게 결정을 내릴 수 있다.

셋째, 집중된 삶을 통하여 많은 열매를 얻을 수 있다. 자신이 지금 어디에 있는지 안다면 그 단계에서 배워야 할 것에 집중할 수 있고, 다음 단계를 더 잘 준비할 수 있어 더 많은 열매를 맺을 수 있다.

넷째, 마지막까지 훌륭한 영향력을 계속해서 발휘할 수 있다. 하나님께서 우리를 리더로 만드시는 과정을 안다면 여기가 끝이 아니라 다음 단계가 있음을 깨닫게 된다. 그리고 여기까지 나를 인도하신 하나님께서 다음 단계도 인도하실 줄 믿으며 끝까지 믿음으로 나아갈 수 있다. 마지막까지 잘 끝낼 수 있는 가능성이 높아진다는 얘기다.

우리는 이 모든 과정을 통해 나를 리더로 만드시는 하나님의 섭리를 체험하게 된다. 내 인생에도 하나님께서 나를 리더로 만들기 위해 매 순간 역사하셨다.

'바로 그런 이유로 나를 훈련시키셨던 거구나!'

'하나님께는 하나도 낭비되는 게 없구나. 나는 낭비하는 시간인 줄 알았는데 그게 아니었어.'

'그때는 몰랐는데 그게 내 사역에 이렇게 도움이 될 줄이야….'

'그냥 지나가는 시간인 줄 알았는데 내가 리더로 성장하는 데 있어 그렇게 중요한 과정이었다니….'

뿐만 아니라 나의 현재가 나의 리더십 계발을 위한 과정임을 깨닫게 되고, 나의 미래에도 나를 사용하기 원하시는 하나님의 은혜를 체험하게 된다. 과거에도 역사하셨고 지금도 나를 훈련시키시는 것이라면 미래에도 변함없이 나를 사용하기 원하시고 인도하시겠구나 하는 믿음이 생기는 것이다.

이것으로 그치지 않고 더 나아가 나를 통해 다른 사람

들을 리더로 세우기 원하시는 하나님의 목적을 발견하게 된다. 하나님은 내가 이해하고 알게 된 것들을 주위 사람들에게 가르쳐서 그들도 리더로 세우기 원하신다는 걸 이해하게 되는 것이다. 나의 리더십 발달 과정을 알고 나면 다른 사람들, 즉 내가 인도해야 할 사람들이 거쳐 가야 할 과정도 눈에 들어오므로 그들을 도울 수 있다. 결국 리더를 리더로 만드는 과정에 하나님의 동역자로 참여하게 되는 것이다.

이제 본격적으로 리더십의 발달 과정을 단계별로 알아보자.

1단계: 리더십의 기초

시기는 사람마다 다를 수 있다. 이것은 일반적인 시간이 아니라 각 사람의 사건과 만남과 상황에 대한 반응, 바꾸어 말하면 그것들이 각 사람에게 미친 중요한 영향과 관련이 있다. 내 경우를 예로 들면, 부모님을 따라 미국으로 이민을 간 사건이 내 리더십 개발에 굉장히 중요한 영향을 끼쳤다. 따라서 리더십의 발달 과정을 시기별로 나눌 때 개인차가 있다는 점을 염두에 두고, 자신에게 적용해 구분하면 된다. 다만 이 책에서는 일반적인 기준에 따르기로 한다.

리더십의 기초에 해당하는 시기는 태어나기 전부터 초등학교 때까지다. 이 시기에 성격이 결정되고 권위자에 의해 감정이나 태도, 관계 등이 좌우된다.

숙명의 준비

하나님께서는 우리가 태어나기 전부터 우리를 리더로 만들기 위해 기초를 놓고 계셨다. 성경을 보면 "창세 전에 그리스도 안에서 우리를 택하사", "태에서부터 나를 부르셨고" 같은 말씀이 나온다. 그냥 하신 말씀이 아니라 하나님께서 실제로 이미 우리를 준비시키셨다는 것이다. 구체적으로 어떤 것들이 있을까?

이름이다. 자기 이름의 뜻이 무엇이고 왜 그렇게 지었는지 다들 한 번쯤은 들어 봤을 것이다. 어른들은 그걸 가르쳐 주며 그 이름대로 살아가라고 덕담을 한다. 하지만 어떤 사람은 자기 이름에 대해 만족스럽지 못할 수 있다. 불평할 수도 있다. 그러나 하나님을 만나고 어느 날 문득 자신의 이름이 지금 하는 사역과 숙명적으로 연결된다는 걸 깨닫게 된다. '그래서 내 이름을 이렇게 지어 주셨구나!' 하고 가슴에 확 와 닿는 때가 오는 것이다.

다음으로 서원과 예언이다. 처음에 부모님이 서원했다

는 얘기를 들으면 왜 마음대로 그런 서원을 했는지 원망스럽다. 자신의 의사와 상관없이 정해진 길을 가야 한다는 게 쉽게 받아들여지지 않는다. 하지만 이리저리 헤매다 결국 그 길로 들어서게 되고, 하나님께서 그때부터 준비하셨던 것을 알게 된다. 예언도 비슷하다. 어떤 목회자가 이 아이는 주의 종이 될 거라고 예언해서 압박감을 느끼며 살았는데 실제로 그렇게 된다. 순간 하나님께서 이 모든 과정을 세세하게 미리 준비하고 계셨음을 느끼며 감사하게 된다.

다음은 출생 환경과 부모님의 계시, 생명의 보존에 관한 예시다. 아들을 원하던 집안에서 딸로 태어났다거나 계획에 없었는데 생겨서 어쩔 수 없이 낳았다는 얘기를 들어봤을 것이다. 하마터면 태중에서 죽을 뻔했는데 어머니가 하나님의 말씀 때문에 마음을 바꿔 태어난 경우도 있다. 그런가 하면 누군가는 형제가 어린 나이에 사고나 병으로 세상을 떠나 홀로 살아남기도 한다. 또는 마을에 불이 나서 많은 사람이 목숨을 잃었는데 본인은 생명을 보존했다는 이야기를 간직하고 있기도 하다. 어떤 상황에서 태어났든지, 어떤 상황에서 생명을 보존했든지 간에 우리 모두는 이 땅에 태어난 분명한 목적과 이유가 있다.

이런 일도 있다. 어머니가 중국 여행 중에 갑자기 출산

했는데 덕분에 나중에 비자 없이 중국 선교사로 간 사람도 있다. 또 어떤 사람은 태어날 때 피부색이 너무 어두워서 한국 사람 같지 않다는 말을 듣고 자랐는데, 필리핀에 가서 보니 마치 그곳 사람인 듯 거부감이 없어 선교를 효과적으로 감당하게 되었다. 그때는 이해하지 못했으나 지나고 보니 '하나님께서 내가 알기 훨씬 전부터 이미 준비하고 계셨구나!' 하며 고개를 끄덕일 수밖에 없는 것이다.

진입 상황

우리가 태어나고 자란 당대가 처한 여러 상황이 있다. 문화적 역사적 지역적 국가적 국제적 상황 등이다. 시골에서 태어났느냐 도시에서 태어났느냐, 그중에서도 어느 동네에서 태어났느냐에 따라 문화가 다르다. 지방에서 태어나 자연스럽게 그 지방의 사투리를 썼는데, 지금 보니 같은 사투리를 쓰는 곳에 가면 사역이 그렇게 효과적으로 이루어질 수가 없다. IMF 구제금융 등 국가적으로 힘들고 어려울 때 태어나거나, 올림픽과 월드컵 등 국제대회가 열릴 때 태어난 사람도 있다. 영적 부흥의 진원지에서 태어나 하나님의 특별한 은혜를 체험하기도 한다. 남북 간의 관계가 좋지 않을 때 태어났는데 나중에 북한 사역에 부름을 받기도 한다.

또한 태어난 곳에 화교들이 많았는데 훗날 중국 선교에 헌신하는 사람도 있다.

우리가 나고 자란 당시의 상황은 결코 우연이 아니다. 거기에도 하나님의 의도하심이 있는 것이다. 그리고 그것은 우리가 지금 하고 있고, 또 앞으로 하게 될 일들과 연결되어 있다.

가족의 영향력

고생하는 엄마, 기도하는 할머니, 가훈, 믿음의 유산, 경제 상태, 아픈 식구 등이 우리 삶에 영향을 끼친다.

고생하는 엄마를 지켜보는 것이 정말 힘들었지만 나중에 보면 그때 보고 배우고 느낀 것들이 삶의 자산이 된다. 그 시간을 통해 사랑을 배운다. 언제나 기도하던 할머니를 보면서 기도의 삶이 어떤 것인지를 깨닫게 된다. 그리고 할머니의 기도가 우리 인생 가운데 어떻게 이루어졌는지를 알게 된다. 비록 당시에는 알지 못했지만 하나님께서 지금의 나를 위해, 나를 통해 이루기 원하시는 일을 위해 모든 것을 준비하셨음을 알게 되는 것이다.

어릴 때는 가훈을 가르쳐 주어도 그런가 보다 한다. 하지만 나중에 자라서 보면 그게 알게 모르게 내 삶에 영향을 끼치고 있었음을, 자녀는 물론이거니와 목회 사역에도 중요한 가치로 자리 잡고 있음을 깨닫게 된다. 또 성경 말씀을 배우면서 가훈이 그것에 잇닿아 있는 걸 발견하기도 한다. 하나님께서 그때부터 각 사람의 성품을 고려해 가훈까지 준비하신 것이다.

부모로부터 혹은 3, 4대 조상으로부터 이어져 오는 믿음의 유산은 우리 삶을 지탱해 주는 힘이다. 그것은 지금 우리가 하는 사역에 크나큰 영향을 끼친다. 나는 3대째 믿음의 가정에서 태어났다. 나의 외할아버지는 아주 훌륭한 목사였다. 합동 측 총회장도 지냈고, 부산에 있는 초량교회에서 오랫동안 목회를 하셨다. 그때는 몰랐지만, 할아버지 할머니의 믿음의 유산 덕분에 지금의 내가 있음을 깨닫는다. 할머니와 할아버지의 기도와 헌신, 여러 사역의 훈련이 지금까지도 내게 얼마나 중요한 역할을 하고 있는지, 얼마나 큰 힘이 되고 있는지 모른다.

경제 상태도 하나님께서 미리 준비하시는 것이다. 찢어지게 가난해서 왜 나는 이런 집에서 태어났을까 원망스럽지만, 나중에 보면 웬만한 가난은 얼마든지 견딜 수 있는 사람이 되고, 아무리 어려운 선교지에 나가도 끄떡없게 된다. 하나님께서는 그 시간을 지나는 동안 우리를 단련시키셔서 어떠한 가난에도 굴하지 않는 능력을 얻게 하시고, 가진 게 많지 않아도 행복하게 살 수 있는 법을 가르쳐 주셔서 오히려 감사하게 만드신다. 반대의 경우도 있다. 부유한 가정에서 태어나 어렵고 힘든 사람들을 돌보고 나누는 게 몸에 밴 사람도 있다. 그래서 어려운 가운데 있는 사람과 나누고 베풀 수 있는 넓은 마음을 갖게 되는 것이다.

끝으로 아픈 식구가 있는 경우다. 가족 중에 아픈 사람이 있거나 장애가 있으면 모두가 힘들다. 그런데 그런 일을 통해 아픈 사람과 장애인에 대한 인식이 달라지고 그들을 돌보는 능력을 갖게 된다. 더 나아가 그들을 돌보는 사역에 헌신하기도 한다.

어느 것 하나 우연이 없다. 나는 생각지도 의도하지도 않았음에도 하나님께서는 이미 우리 주변의 모든 상황과 환경을 계획하고 준비하고 인도하신다.

기본적인 기술

어렸을 때부터 음악을 좋아해서 만날 흥얼거리고 따라 부르는 사람이 있다. 그러는 사이 자신도 모르게 음악에 대한 기본적인 기술을 습득하게 된다. 그것이 발판이 되어 성가대를 이끌기도 하고, 찬양 인도자가 되기도 한다.

어렸을 때 우리 3남매는 피아노를 배웠다. 보통은 바이엘 상, 하를 끝내고 체르니 30번까지 치는 게 기본이었다. 함께 배우던 동생들은 거기까지 갔는데, 나는 바이엘 하를 치던 중에 그만두었다. 피아노 선생님이 나더러 손가락이 너무 굳어 장래가 보이지 않는다고 했기 때문이다.

그 후 웅변학원에 다니게 되었다. 당시 웅변 주제는 거의 반공와 불조심이었다. "이 연사 저 북한을 향해 강력하게 외칩니다!" 이런 식이었다. 동생들과 시간을 맞추느라 하는 수 없이 했을 뿐 속으로는 너무너무 하기 싫었다. 정말이지 몇 년 동안 억지로 다녔던 것 같다. 그런데 지금 돌아보면 내 설교와 커뮤니케이션의 기본 스킬이 거기서 나왔음을 알게 된다. 그때는 몰랐지만 그렇게 하나님은 이미 나를 준비시키고 계셨던 것이다.

이처럼 가정과 교회, 학교나 학원 등에서 부모나 형제자매, 교사나 친구들을 통해 인간관계에 필요한 기본적인 기술은 물론 자신의 사명을 감당하는 데 필요한 기본 스킬을 습득하게 된다. 그리고 그것이 현재 리더십의 중요한 초석이 된다.

사회적 기초

이 시기에 감정적 경제적 신체적 필요와 사색의 필요를 깨닫고 알게 된다. 관계의 중요성을 배우고 자신의 은사를 발견하게 된다.

나는 중·고등부 때 학생성가대 활동을 했다. 그때 가장 힘들었던 것이 내가 베이스인지 테너인지 불확실하다는 점이었다. 테너 쪽으로 가면 베이스로 가라 하고, 베이스 쪽으로 가면 테너로 가라 했다. 그래서 할 수 없이 용기를 내어 지휘자 집사님을 찾아갔다.

"집사님, 제가 테너예요, 베이스예요?"

"상관없어. 아무거나 해!"

그 후 성가대를 그만두었으나 그때 했던 훈련이 지금 찬양을 인도하는 데 도움이 된다. 나는 예배 때마다 설교 후에 마지막 찬양을 직접 인도한 뒤 축도를 한다. 그럴 때마다 어린 시절에 했던 찬양 훈련과 경험은 중요한 사역의 기초가 되고 있다. 이와 같이 일련의 과정을 통해서 우리는 기본적인 기술을 익히고, 사회적인 관계를 세워 가며, 하나님께서 내게 원하시는 것들을 체득하여 리더십의 기초를 다지게 된다.

2단계: 리더십의 형성

초등학교 때부터 중학교 때까지가 해당된다. 이 시기에는 훈육을 받으며 자아 발견(나는 누구인가), 가치(무엇이 중요한가), 책임 같은 것들을 배운다. 인생에서 중요한 가치들이 자리 잡기 시작하는 시기라 할 수 있다.

도덕성 검증

과자를 몰래 훔쳐 먹다 걸린 학생이 있다고 하자. 그는 심하게 혼이 난 뒤 다시는 그런 짓을 하면 안 된다는 걸 알게 된다. 반대로 물건을 훔쳤지만 용케 걸리지 않아 아무런 제재를 받지 않은 학생이 있다고 하자. "바늘 도둑이 소 도둑 된다"고 그는 이후로도 종종 물건을 훔치게 되었고 그렇게 점점 더 큰 죄를 저지르게 되었다. 이를 단적으로 보여주는 예화가 있다.

어느 사형수가 형이 집행되기 전에 꼭 한 번 어머니를 만나게 해 달라고 간청했다. 소장은 그의 마지막 소원이라 생각해 면회를 허락했는데 그만 문제가 발생하고 말았다. 사형수가 어머니를 가까이 오게 해서는 귀를 물어뜯은 것이다. 어렸을 때 남의 것을 훔치고 나쁜 짓을 할 때 어머니가 따끔하게 야단치지 않아서 자신이 큰 죄인이 됐고 결국 사형을 당하게 됐다는 게 이유였다.

우리는 훈육을 통해 연필 한 자루, 100원짜리 동전 하나라도 남의 물건에 손을 대면 안 된다는 것을 배우고, 거짓말하지 말고 정직해야 한다는 점을 각인하게 된다.

순종 검증

이 시기에는 권위에 순종하는 법을 배운다. 순종하지 않으면 그에 상응하는 체벌이 주어지는 걸 체득한다. 권위에 순종할 때 주어지는 유익을 깨닫고, 불순종이 가져다주는 쓴맛도 맛보며 리더십을 형성해 간다. 이때 순종하는 법을 배우지 못하면 리더를 따라갈 수 없다. 따르는 법을 배우지 못하면 리드할 수 없다.

말씀 검증

하나님께서 내게 말씀하시는 것을 경험한다. 성경이 단지 이스라엘의 역사요 한 권의 책에 불과한 것이 아니라 살아 계시는 하나님의 말씀이며, 그것은 반드시 이루어진다는 걸 체험하게 된다. 그리고 그런 일을 반복적으로 경험하면서 하나님의 말씀 안에 든든히 서게 되고, 그 말씀이 내 인생을 이끌어 간다는 것을 확신하게 된다. 하나님의 말씀이 리더십의 중요한 등불임을 깨닫게 된다.

내가 설교나 강연 중에 암송하는 구절은 거의 다 이 시기에 외웠던 것이다. 어렸을 때 암송하는 것이 나중에 사역자가 되어 암송하는 것보다 훨씬 많고, 기억도 오래간다.

책임 검증

우리에게 맡겨진 일을 수행하면서 책임이 무엇인지 알게 된다. 혼자서, 때로는 여럿이 함께하면서 한 사람 한 사람이 맡은 역할이 얼마나 중요한지, 그리고 그걸 하지 못했을 때 어떤 결과가 초래되는지를 배운다.

믿음 검증

자신의 믿음을 검증하며 믿음으로 사는 법을 배운다. 공부하다 막히면 으레 참고서를 보거나 선생님을 찾았는데 어느 날 기도해야겠다는 생각이 든다. 그런데 신기하게도 기도하면 문제가 풀리고, 그런 일이 반복되면서 기도의 응답을 확신하게 된다.

'아, 정말로 하나님께서는 내 기도를 들으시는구나!'

힘들지만 하나님을 믿고 의지해 기도하면 믿음대로 되는 것을 경험하며 하나님을 더욱 신뢰하게 되고, 이후로도 계속해서 믿음의 행보를 하게 된다.

헌신 검증

수고하고 애쓰는 가운데 하나님께서 깨닫게 하시고 경험케 하시는 게 있다.

나는 모태신앙인이다. 어려서부터 열심히 신앙생활을 했다. 한번은 교회에서 부흥사경회가 열렸는데 어린 나이임에도 사흘 내내 참석했다. 마지막 날 광고를 통해서 깨달았다. 그 집회가 사실은 사경회가 아니라 목회자 사명자 대회였다는 것을.

'하나님께서는 나를 왜 여기로 부르셨는가? 나는 왜 여기에 왔지?'

하나님께 기도하기 시작했다. 나를 목회자로 부르시는 하나님의 음성을 들었고, 확인을 받을 수 있었다. 하나님께 열심히 매달리고 헌신하면 하나님께서 사용하신다.

이 시기는 이와 같은 경험들을 하면서 중요한 리더십 가치들이 형성되는 때다. 이때 제대로 배우지 못하면 나중에 힘들어진다. 도덕성, 순종, 책임 등은 삶의 기본이 되는 덕목이라 이것이 형성되지 않으면 인생의 고비고비마다 발목이 잡힌다. 이는 통과의례와 같아서 다음 단계로 가려면 반드시 거쳐야만 한다. 이번에 못하면 다음번에, 그때도 못하면 또 다음번에…. 그럼에도 불구하고 영영 배우지 못하면 결국 이것 때문에 끝까지 쓰임 받지 못하고 결국 도중하차하거나 잊히게 되는 것이다.

3단계: 리더십의 훈련

빠르게는 고등학생 때부터 대학생, 인턴 또는 처음으로 직장에 들어가 일을 배우는 시기다. 어떤 일을 본격적으로 하기 전 단계라고 할 수 있다. 사역적인 면만 본다면 전도사로 섬기면서 훈련을 받거나 평신도 리더십으로 훈련 받는 때다. 내 경우는 신학교 다닐 때다.

이때는 은사, 인간관계, 비전, 희생 같은 것들이 중요하게 다뤄진다. 그리고 일과 사람에 대한 훈련이 집중적으로 이루어진다.

일에 대한 훈련

목회자의 길을 걷고 있는 사람이라면 누구나 그렇겠지만 나도 전도사 시절 영아부에서 대학청년부에 이르기까지 여러 부서를 두루 거쳤다. 내가 지구촌교회에 부임해서 첫

석 달 동안 영아부에서 시작해서 유아부, 유치부, 초등부, 중고등부, 대학부, 청년부까지 가서 설교했는데, 이는 전도사 시절 그런 부서를 맡아 보았기 때문에 가능한 일이었다. 어린아이들의 마음도, 청소년기 학생들의 마음도, 대학 청년들의 마음도 이해할 수 있는 건 그때 훈련을 받았기 때문이다. 하나님께서 내게 일을 주셔서 그것을 익히고 훈련 받도록 기회를 주신 것이다.

의사를 봐도 그렇지 않은가. 인턴 시절에는 잠도 제대로 못 자며 고생하지만 수시로 전문의한테 혼난다. 사람의 생명을 다루는 직업이기에 더 엄격한 훈련이 요구되는 것이다. 힘들어도 그렇게 배운 것들이 결국 피가 되고 살이 되어 전문의로서 자격을 갖추게 만든다.

일에 대한 훈련 중 첫 번째는 기술 습득이다. 말 그대로 자신이 수행하게 될 일들에 필요한 기술을 습득하는 것이다. 회의하는 법, 소그룹 인도하는 법, 기도하는 법, 설교하는 법, 간증을 나누는 법 등을 배운다. 그리고 배운 것을 사역 가운데 직접 적용해 보며 보완해 나간다. 나는 고등부와 대학 시절 교회에서 학생회장을 맡으면서 회의를 진행하거나 믿음으로 사람을 설득하는 법을 배웠는데 그게 지금의 사역에 얼마나 도움이 되는지 모른다.

두 번째는 훈련의 진보, 즉 습득된 기술을 훈련을 통해 점점 더 발전시켜 나가는 것이다. 뿐만 아니라 수학, 영어, 악기, 특기사항, 멘토링 교육 등 특별한 훈련을 받는 것도 포함된다. 내 경우 내가 하는 일과 직접적으로 관련이 없는 독서법, 속독법 등을 배웠다. 그때는 왜 그런 걸 배우는지 이해하지 못했는데 설교를 준비할 때 이게 얼마나 유용한지 모른다. 이런 목적으로 배운 건 아니었지만 뒤돌아보니 하나님의 인도하심이 있었고, 지금의 나를 위해 그때 훈련시키셨다는 생각이 든다.

　　이 시기의 훈련은 당시에는 자신과 아무 연관이 없는 듯 보이지만 하나님의 관점으로 보면 주님의 뜻을 이루는 데 중요한 역할을 한다.

　　세 번째는 은사 발견이다. 기술을 배우고 훈련을 받으면서 자신의 구체적인 은사를 발견하게 된다. 어떤 사람은 글을 잘 써서 두각을 나타내고, 어떤 사람은 경제 감각이 뛰어나 돈의 흐름을 볼 줄 알고, 어떤 사람은 사람들에게 친절해서 서비스업이나 사업가로서 자질을 드러낸다.

　　부교역자의 경우 고등학교나 대학교 때 성경공부 모임을 통해서 또는 전도사 때 맡은 사역을 감당하며 자신의 강점을 찾기도 한다. 찬양의 은사를 발견하기도 하고, 사람들

의 얘기를 잘 들어 주고 받아 주면서 상담의 은사가 있다는
걸 알기도 한다.

사람에 대한 훈련

사람에 대한 훈련은 두 가지다. 하나는 권위에 대한 훈
련으로서 권위에 순종하는 법을 배우는 것이다. 그런데 이
게 항상 순탄하지만은 않다. 권위자와 갈등을 빚는 경우가
종종 발생하기 때문이다. 받아쳤다가 얻어맞기도 하고, 거
기서 교훈을 얻어 다음부터는 순종하기도 한다. 끝내 해결
되지 못하면 해고당하거나 스스로 그만두는 일도 생긴다.

만약 나쁜 상사 밑에서 생고생을 한 경험이 있다면, 그
경험이 훗날 어떤 상사를 만나더라도 거뜬히 넘어갈 수 있
는 밑거름이 될 것이다. 당시엔 정말 죽을 맛이겠지만 그게
바로 권위에 대한 훈련이다.

다른 하나는 관계에 대한 훈련이다. 여러 사람을 만나
교제하면서 좋은 관계를 맺는 것이 얼마나 중요하고 그것이
얼마나 힘이 되고 격려가 되는지 배우게 된다. 어떤 관계를
맺어야 하는지, 어떻게 관계해야 하는지 훈련을 받는 것이
다. 때때로 사람들과 갈등을 겪거나 배신을 당하는 등 실수
와 실패를 경험하면서 관계의 중요성을 뼈저리게 느끼기도

한다.

'관계를 잘하지 못하면 이런 문제가 생기는구나.'

'이런 관계에서는 ○○이 중요하구나!'

그때는 잘 몰랐는데 지금 돌아보니 그게 관계 훈련이었다는 것을 깨닫게 된다. 그때는 왜 그렇게 철이 없었는지, 왜 그렇게 미숙했는지, 왜 그렇게 부딪쳤는지 등이 보이는 것이다. 때로 하나님께서는 권위를 가르치기 위해 어떤 사람과 부딪치는 것을 허용하신다.

예전에 내가 어느 교회의 부교역자로 사역할 때 한번은 부모님이 교회로 찾아오셨다. 담임목사를 찾아가 인사했는데 바쁘다며 잠깐 인사를 나누고는 그만이었다. 그때 나는 생각했다. '나는 그러지 말아야지. 담임목사가 부교역자의 부모와 같이 밥 먹으며 덕담 한 마디해 주면 그 부모가 얼마나 기뻐할까?'

시간이 한참 지난 뒤 나는 그때의 다짐을 지켰다. 내가 담임으로 사역하게 됐을 때의 일이다. 그 사건을 거울삼아 나는 이렇게 말했다.

"아드님이 참 잘하고 있습니다."

그 말을 듣는 부모는 물론이거니와 동역하는 부교역자도 얼마나 좋아했는지 모른다. 설사 좀 부족한 면이 있더라도 그런 말로 격려하니 부모는 행복해했고 당사자는 더 잘 하려고 노력했으며 동역자들과의 관계도 더 돈독해졌다.

우리는 훈련을 통해 배운다. 좋은 것도 보고 배우지만 그렇지 않은 것도 보고 배운다. 호된 시집살이를 하면서 '나는 나중에 며느리에게 잘해 주어야지' 한다면 그는 이 훈련을 잘 통과한 것이다. 이걸 배우지 못하면 나중에 시어머니가 되었을 때 과거와 똑같은 고부갈등을 겪게 된다. 인간관계를 통해 가르치시는 하나님을 볼 수 있다면 우리는 정말 많은 것을 배울 수 있다.

하나님께서는 누구라도 예외 없이 이 훈련을 거치게 하신다. 주님은 어느 날 갑자기 우리에게 일을 맡기시는 게 아니다. 그분의 시간표에 따라 우리 각자를 훈련시키신 다음 임무를 주신다. 왜냐하면 그분은 우리를 영향력 있는 리더로 세우길 원하시기 때문이다.

4단계: 리더십의 성장

리더십의 기초가 수립되고 형성되고 훈련을 거쳐서 이제 성장하는 시간이다. 본격적으로 일이 주어져 구체적으로 리더십을 발휘하는 때로, 이 시기 리더십이 급격하게 성장한다. 신혼을 지나 아이를 낳고 부모가 되는 때, 직장에서 승진하면서 확실한 지위를 얻게 되는 때다. 내 경우, 부목사로서 풀타임 사역을 시작하게 된 시기라고 할 수 있다. 어떤 사람은 첫 번째 담임 목회 때일 수도 있다.

이때 등장하는 중요한 사안은 우선순위, 세우는 리더십, 동기, 전략적인 사고 등이다. 즉 우선순위가 무엇인가, 어떻게 사람들을 세우는 리더가 될 것인가, 어떤 동기를 가지고, 어떻게 전략적 사고를 수립할 것인가 등이다.

크게 두 가지 면에서 성장이 이루어진다.

일상에서의 성장

하나님은 우리를 일상 속에서 성장시키신다. 우선 영의 양식인 말씀으로 성장시키신다. 육의 양식을 먹지 않고는 육체의 건강을 담보할 수 없듯이 영의 양식을 거르고서는 영의 건강을 장담할 수 없다. 크리스천은 말씀을 배우면서 크게 성장하는 경험을 한다. 성경 공부를 통해 비전이 생기고 인생의 방향을 설정하기도 하며 헌신을 결단하기도 한다. 매일 먹는 큐티 말씀이야말로 우리 인생의 가장 중요한 성장을 가져오는 핵심 영양소라 할 수 있다.

다음은 독서다. 이건 아무리 강조해도 지나치지 않는

다. 양서를 통해 옛사람들의 지혜를 배우고, 직접 경험해 보지 못한 것들을 간접 경험하면서 도전을 받아 새로운 변화를 맞기도 한다.

멘토를 통해서도 성장한다. 물심양면으로 전폭적인 지지와 도움을 받기도 하고, 곁에서 이것저것 도와주며 내가 잘할 수 있도록 밀어 주는 이들이 있다. 그들의 사랑과 신뢰가 얼마나 큰 힘이 되는지 그들로 인해 한 단계 더 성장하게 된다.

일상에서 부딪히는 여러 상황을 통해서도 성장한다. 급작스레 상사가 자리를 옮기는 바람에 그 자리를 대신하는 일도 벌어질 수 있다. 나는 아직 준비가 안 됐다고 생각했는데 급한 대로 막상 맡아 해 보니 일이 잘 진행된다. 갑자기 벌어진 상황 때문에 한 뼘 더 성장하는 것이다.

그런가 하면 어떤 일을 통해 패러다임의 전환을 경험하기도 한다. 회심을 해서 예수님을 영접하거나 말씀의 계시를 받아 특별한 헌신을 할 수도 있다. 어제와는 완전히 다른 오늘을 살게 되는 것이다. 패러다임이 바뀌니 이전에는 보지 않던 것들이 보이기 시작하고, 막연하던 비전이 뚜렷해지며 할 수 없다고 체념하던 것을 도전하게 된다.

어떤 조직이나 관계에서 주어진 파워(능력)를 행사하며

리더십이 성장하기도 한다. 내 경우 강의실에서 배우고 훈련 받은 것보다 현장에서 직접 설교하고 목회하면서 훨씬 더 많이 배우고 성장할 수 있었다. 목회를 하면서 내게 영적 권위가 있음을 알게 되었고, 설교를 듣고 성도들이 은혜 받는 모습을 보며 내게 말씀을 가르치는 은사가 있음을 깨달 았다.

조직의 구조를 통찰할 수 있는 능력도 생긴다. 전에는 보이지 않았는데 이제는 한눈에 파악된다. 조직의 강점과 단점이 무엇인지, 구성원들의 업무는 무엇이고 그들의 관계는 어떠한지, 교회의 조직이나 구조가 어떻게 돌아가는지 등이 보이기 시작하는 것이다. 이를 통해 여기서는 이것이 중요하고 저기서는 저것이 중요하다는 걸 파악하게 된다. 또한 이렇게 하면 안 된다는 것도 깨닫게 된다. 사역에 대한 이해가 높아지는 것이다.

담당 업무를 수행하면서도 성장한다. 내게 맡겨진 일을 감당하는 사이 조금씩 성장하는 자신을 발견하게 된다. 점점 자리가 잡혀 가고, 이제 좀 알 것 같다는 고백이 나오기 시작한다.

책임지는 가운데 성장

리더에게는 권한도 주어지지만 동시에 책임도 주어진다. 막중한 책임 때문에 리더가 느끼는 압박감과 스트레스는 상상을 초월한다. 그럼에도 불구하고 리더는 그것을 견뎌야 하고 그 속에서 성장한다.

리더로서 한창 성장하는 중에도 수많은 갈등을 경험하게 된다. 명색이 전도사인데 제대로 인정해 주지 않는다거나 나는 잘하고 있다고 생각했는데 사람들의 평가는 그와 달라 갈등을 겪기도 한다. 그때는 정말 힘들다. 어떻게 해결해야 하나 밤낮 고민하며 해결책을 찾아 나선다. 그리고 마침내 갈등이 봉합되고 나면 그걸 통해 많이 배우고 성장한 자신을 발견하게 된다.

때로는 리더십의 반발에 직면하기도 한다. 평신도 리더들이 반발해서 치고 올라오는 것이다. 힘들고 괴롭지만 그런 사람들도 내가 인도할 책임이 있기에 그것을 슬기롭게 대처해야만 한다. 당시에는 어떻게 해야 할지 몰라 전전긍긍했는데 지나고 보면 그것도 하나의 훈련 과정이었음을 알게 된다.

하나님께서는 리더십의 성장을 위해 긍정적인 것뿐 아니라 부정적인 위기도 사용하신다. 부정적인 상황이나 위기에서 어떻게 대처해야 하는지를 훈련시키시는 것이다. 그런 반발이 없었다면 나는 사람들을 깊이 이해할 수 있었을까? 아마도 자기 리더십에 취해 교만했을 가능성이 높다. 그 일이 있었기에 이제는 그런 사람들을 훨씬 더 민감하게 돌볼 수 있게 되었다. 그런가 하면 건강이나 인간관계에 이상이 생기거나 어떤 사건이 불거져 리더십의 위기를 맞기도 한다. 그때 어떤 사람은 자리에서 물러나기도 한다. 그게 너무 힘들어서, 너무 억울해서 잠도 오지 않는다. 하지만 그 시간은 축복이었다. 그 일을 겪고 나서 다음부터는 더욱 겸손한 마음으로, 온 마음을 다해 사역에 임하게 되고 그 결과 더 큰 열매를 얻게 되기 때문이다.

어떤 사람은 이런 과정을 견디지 못하고 주저앉아 버리거나 회피한다. 리더에게 주어진 엄청난 압박감과 스트레스를 견디지 못하는 것이다. 하지만 이 과정을 통과하지 않으면 다음 단계로 갈 수 없다. 책임을 지는 가운데 성장할 수 없는 것이다.

물론 목회자도 인간인지라 이 과정은 정말 힘들다. 나도 나를 힘들게 하는 사람들과 부딪히게 되면 거기서 헤어나오는 데 2~3일이 걸린다. 하지만 그 시간을 통해 다시금 새롭게 하시는 하나님을 경험하게 되고, 리더십의 갈등과 반발과 위기 속에서 나는 어떤 영향력을 발휘해야 하는지 점검하게 된다. 하나님의 시각으로 바라볼 때 그것은 오히려 전화위복(轉禍爲福)이 되고, 그 과정은 나의 리더십을 한 단계 성장시키는 디딤돌이 되는 것이다.

도전을 통한 성장

리더십의 성장 시기에는 몇 가지 문제가 생길 수 있다. 더 이상 성장하지 않고 그 자리에 머무르려는 정체의 문제, 권위자와 문제가 생겨 계속 부딪히는 권위의 문제, 오래 버티지 못하고 끝을 잘 못 맺는 끝맺음의 문제, 자기 철학이 없어 무엇을 어떻게 해야 할지 모르는 원칙과 철학의 문제 등이 그것이다.

내가 볼 때 주로 30대 말에서 40대 초에 이 기로에 서는 것 같다. 이 자리에 머물 것인가 아니면 도전을 받아들여 나아갈 것인가? 그냥 있을 수도, 그렇다고 쉽게 도전할 수도 없는 상황에 직면하는 것이다. 비단 40대뿐만이 아니다. 리더십의 성장 과정에 있는 사람이라면 누구나 이 같은 도전 앞에 설 수밖에 없다.

리더는 이 같은 도전 앞에서 정말로 하나님께서 원하시는 게 무엇인지, 하나님의 부르심이 무엇인지 자신의 숙명을 다시금 확인하게 된다. 그러고 나면 실제로 사역 현장에서 여러 가지 도전이 기다린다. 가장 먼저 믿음의 도전이다.

케냐에 선교사로 파송되었을 때 나는 교회를 개척했다. 그때 제일 두려웠던 것은 '교회를 개척했는데 아무도 안 오면 어떡하지?'였다. 나는 교회 개척이 하나님의 뜻임을 확인했기에 두렵지만 믿음으로 그 일에 도전했다. 그리고 일을 진행하면서 사역은 처음부터 끝까지 믿음으로 하는 것임을 여실히 깨달았다. 그 일을 통해 내 믿음도 리더십도 자랐다.

어떤 사람은 하나님께서 더 큰 믿음을 주셔서 내내 전도사로 사역하다 목사 안수를 받기도 한다. 또 어떤 이는 케냐에서의 나처럼 교회를 개척하라는 도전을 주신다. 생각도 안 해 본 일이라 처음에는 두렵고 떨린다. 하지만 하나님을 신뢰하며 도전한 결과 지금은 그 누구보다도 담대하게 목회를 해 나가고 있다.

다음으로 기도와 영적 통찰의 도전이 있다. 새로운 도전 앞에 기도로 매달리고 간구하면서 더 깊은 기도를 체험하고, 영적인 통찰력을 얻기도 한다. 영의 눈이 열려 영적인 것들을 볼 수 있고, 어떤 사건이나 상황을 꿰뚫어 볼 수 있는 통찰력이 생기는 것이다. 또 예언적인 은사를 통해서 리더십의 성장을 가져오기도 한다.

역할에 대한 도전도 있다. 예를 들어 어린이 부서를 담당하고 있는데 갑자기 찬양 사역을 하라는 제의가 올 수 있다. 처음에는 확신이 안 서 망설여지지만 제의를 받아들이기로 하고 하다 보니 하나님께서 확신을 주시고, 그것을 통해 리더십이 한 단계 성장하는 것은 물론 찬양 사역자로 나갈 수 있는 발판이 될 수 있다. 하나님께서 길을 열어 주시는 것이다.

나는 미국에서 이민 목회를 잘하고 있을 때 지구촌교회의 청빙을 받았다. 응해야 하나 말아야 하나, 계속해서 하나님의 뜻을 구했다. 지금도 그렇지만 그때도 한국 교회의 상황이 그리 좋지 않았다. 주위에서는 나의 한국행을 만류했다. 하지만 기도하는 중에 하나님께서는 당신의 교회에 새로운 부흥을 주실 거라고 하셨다. 비록 한국 교회가 그 어느 때보다 힘들고 어려운 시기를 지나고 있지만 하나님께서는 신선한 부흥을 주실 거라고 하셨다. 결국 나는 그 도전에 예스로 응답했고, 새로운 역할과 더 큰 영향력을 지닌 리더로서 한 단계 더 성장하고 있다.

끝으로 영향력의 도전이다. 여기서는 영향력이 확대되는 것을 의미한다. 하나님께서는 생각지도 못한 기회를 주셔서 우리의 영향력을 증대시키신다. 어떤 사람은 출판사로부터 책을 내자는 제안을 받기도 하고, 어떤 사람은 강사로 섭외가 들어오기도 하고, 어떤 사람은 방송사의 출연 요청을 받기도 한다. 한 라디오 프로그램의 인터뷰 요청에 응했다가 반응이 좋아 다른 프로그램에 출연하게 되고, 더 나아가 MC 자리를 꿰차기도 한다. 하나님께서 주시는 이 같은 도전에 응할 때 우리의 영향력은 더욱 커지고 리더십도 성장하게 된다.

5단계: 리더십의 집중

이 시기는 리더십의 절정이라고 할 수 있다. 소명을 위해 그동안 쌓은 경험을 비롯한 자신의 자산이 한자리에 응집되면서 최대의 열매가 나타나는 시기다. 경험도 풍부하고, 웬만한 것은 다 이해되고 성숙해져서 이전처럼 열심만 가지고 달려들진 않는다. 이제는 잘할 수 있는 것이 무엇인지 확실하게 알고 행한다. 또한 가만히 있어도 지혜가 생긴다. '이건 이렇게 하는 게 좋겠구나', '이건 이런 거구나' 식으로 그냥 보인다. 그리고 리더십이 점점 발전하면서 다른 사람의 리더십도 세워 줄 수 있는 경지가 된다. 아울러 하나님께서 내게 주신 사명이 무엇인지 분명하게 깨닫고 그 일에 매진하게 된다.

'아, 나의 사명은 이것이구나! 하나님께서 지금까지 나를 훈련시키신 모든 과정이 바로 이것을 위한 것이었어. 이제 이 일에 올인해야지.'

이 일은 각자의 소명에 따라 다르다. 구역이나 순장일 수도 있고, 주부로서 자녀를 양육하는 일일 수도 있고, 자신이 다니는 직장 업무일 수도 있고, 비즈니스 혹은 목회, 선교일 수도 있다. 다만 그것이 무엇이든 우리는 그 일을 하면서 하나님께서 나를 여기까지 인도하셨고, 그 모든 것을 주관하신 분이 바로 하나님이시라는 것, 즉 하나님의 주권적 인도하심을 깨닫게 된다. 그리고 바로 그 일이 하나님께서 내게 맡기신 사명이라는 것도 확신하게 된다.

하나님께서는 이를 중복해서 확인시켜 주신다. 가정을 통해서, 상황을 통해서, 말씀을 통해서, 멘토를 통해서 여러 번 확인시켜 주신다. 또 섭리적인 만남을 허락하신다. 하나님께서 예비하신 사람과 연결되고, 그로 인해 사역이 진행되는 것을 보며 하나님의 인도하심을 확인하기도 한다.

아울러 리더십의 문제를 통찰하면서 자신을 돌아보는 안목이 생기기도 한다. 다른 사람이나 팔로어들을 탓하는 게 아니라 문제의 원인을 자신에게서 찾는 것이다. 때로 잘못된 선택과 실패를 통해서도 중요한 리더십의 원칙을 배운다.

리더십은 하나님이 주신 확신 가운데 한층 성숙해진다. 리더십의 성장 과정을 거치며 이제는 나만의 고유 역할이 무엇인지를 분명하게 깨닫게 된다. 하나님께서 나를 통해 이루시고자 하는 것이 무엇인지 확실하게 깨달아지는 것이다. 자신의 사명을 깨달으면서 영성도 점점 깊어진다. 이를 위해 혼자만의 시간이 필요한데, 때로 그것이 광야 같은 시간이기도 하다. 외롭고 고통스러운 이 시간을 통해 하나님과 개인적인 만남을 갖게 되고, 하나님께 매달리면서 나를 온전히 이해하시는 분은 하나님밖에 없음을 고백하게 된다. 갈등과 위기를 겪으며 상황을 판단하는 능력이 향상되며, 어려운 중에도 하나님을 의지하면서 그것을 견디고 이길 수 있는 성숙에 이르게 된다.

또한 이 시기에는 자신이 가진 영향력이 한데 모아지면서 시너지를 발휘한다. 내 경우는 이렇다. 내가 그동안 공부했던 것들이 목회에 도움이 되고, 목회하는 것이 가르치는 일에 도움이 되면서 선교사와 교수, 목사로서 더 큰 영향력을 발휘할 수 있게 되었다. 내가 그동안 해 온 사역들이 다 연결되면서 영향력이 극대화된 것이다. 물론 처음부터 이렇게 될 거라고 생각하지 않았다. 계획하거나 의도한 것도 아니다. 주님의 인도하심을 따라 순종하다 보니 여기까지 온 것이다.

| 6단계: 리더십의 피날레

이 시기는 은퇴 무렵으로 생각하면 된다. 이때 중요한 것은 깊은 영향력이다. 바로 전 단계인 리더십의 집중기에는 리더의 영향력이 가장 강력하다. 가장 많이, 가장 넓게, 가장 깊이 영향을 미친다. 하지만 은퇴하고 나면 넓은 영향력이나 많은 영향력은 줄어든다. 대신 깊은 영향력은 더욱 막강해진다. 이를 받아들이지 못하고 은퇴 후에도 여전히 많은 사람들에게 영향력을 가지려다 종종 문제가 발생하기도 한다.

깊은 영향력을 가지면 그의 한마디가 확실한 파급력을 갖게 된다. 머리가 허연 빌리 그레이엄(Billy Graham) 목사가 "하나님은 당신을 사랑하십니다!"라고 말하는 것과 내가 설교 중에 그렇게 말하는 것이 비교가 되겠는가. 내가 말하면 그런가 보다 하겠지만 그레이엄 목사가 말하면 그 사랑이 바로 전해지는 것 같다. 그 깊이는 쉽게 따라갈 수 없는 것이다.

대개 이 시기의 리더들은 말 한마디, 행동 하나에도 무게감이 다르다. 아니, 존재만으로도 무게가 느껴진다. 보통 사람들은 가늠조차 할 수 없는 남다른 깊이가 있다. 그래서 눈에 보이는 것뿐 아니라 보이지 않는 부분에서도 많은 것이 성취된다. 많은 노력을 들이지 않아도, 바쁘게 뛰어다니지 않아도 일이 이루어진다.

또 그 사람만이 할 수 있는 일이 있다. 다음 세대를 키우는 멘토링도 좋은 예다. 자신의 인생 경험을 다른 사람들에게 나눠 주고 차세대 리더를 키우는 것이다. 리더십의 피날레나 리더십의 집중 시기에 있는 사람들은 멘토링을 많이 해야 한다. 은퇴했는데 무슨 사역이냐고 하지 말고 정말로 중요한 사역인 멘토링에 헌신해 주었으면 한다.

특히 남성 교역자들에 비해 여성 교역자들의 멘토링이 현저히 부족한 실정이다. 그렇다 보니 영향력 있는 여성 목회자가 적은 것도 사실이다. 연륜 있는 여성 사역자들은 젊은 여성 사역자들을 훈련시키고 멘토링하는 일에 적극 참여해 주기 바란다. 그렇다고 대뜸 "○○○ 전도사, 나한테 멘토링 받아!" 하지 말라. 상대방이 그를 멘토로 여기고 싶어야 멘토링도 가능한 법이다. 누군가의 멘토가 되려면 먼저 멘토링을 할 만한 리더십의 자질을 갖추어야 한다.

리더십의 기초부터 형성, 훈련, 성장, 집중, 피날레까지 이 모든 과정은 하나님의 주권 아래 이루어진다. 개개인이 처한 상황과 형편은 다 다르지만, 이 과정을 통해 하나님께서 우리를 리더로 세우기 위해 훈련시키고 성장시키시는 것만큼은 모두 동일하다.

자, 그럼 여기서 자문해 보자. 리더십의 여섯 단계 중 나는 지금 어디에 있는가? 나는 리더십의 성장에서 집중 쪽으로 가는 중이다. 만약 당신이 신학을 공부하며 전도사로 섬기고 있다면 리더십의 훈련이나 성장 단계에 있을 것이다. 부목사로 사역하고 있다면 리더십의 성장이나 집중 단계에 있을 것이다. 오랫동안 전도사로 섬겼고 이제 사역의 목표가 분명해졌다면(예를 들어 이제 내 사역은 교육 쪽이다) 리더십의 성장과 집중 사이에 있거나 집중 단계에 있을 것이다.

내가 어디에 있든 상관없다. 중요한 것은 내 위치를 확실하게 알고, 그 단계에서 내가 배우고 훈련해야 할 것이 무엇인지 아는 것이다. 아울러 다음 단계를 잘 준비하는 것이다. 우리는 리더십의 발달 과정을 이해함으로써 자신의 위치를 파악할 수 있을 뿐만 아니라 큰 그림 안에서 자신의 현 상황을 볼 수 있다.

'이 과정을 지나면 다음 단계인 ○○로 가는 거구나!'

'다음 단계를 위해 지금 이러이러한 것을 준비하면 되겠구나.'

'하나님께서 내가 이 단계에 이르기까지 이렇게 준비하시고 훈련시켜 오셨구나. 과거에도 그랬고 현재도 그러하니 앞으로도 계속해서 하나님께서 인도하시고 함께해 주시겠구나.'

우리를 향한 하나님의 주권적 인도하심을 알고 붙잡고 믿을 때 우리는 우리가 처한 상황과 사건을 훨씬 더 수월하게 해석하고 통과할 수 있다. 계속해서 하나님의 의도대로 영향력을 발휘하는 리더로 성장하고 쓰임 받을 수 있다.

파노라마 시각을 가지면
자신이 리더십의 어느 단계에 있는지 알게 된다

Chapter **5**

부자 리더십의
피날레

유종의 미를
거두라

　지금까지 인생의 큰 그림을 살펴보았다면 5장에서는 마지막 그림을 보려고 한다. 사람들이 자주 쓰는 말 중 유종의 미를 거두라는 말이 있다. 마무리를 잘하라는 뜻이다. 시작도 중요하고 과정도 중요하지만 마지막이 아름답지 않다면 사람들은 그를 어떻게 평가할까?

　우리는 주변에서 그 전까지 잘 달려오다 마지막에 잘

못해서 그간의 모든 것을 잃어버리는 사람들을 수없이 보아 왔다. 교회에 국한된 얘기는 아니다. 불행하게도 우리 사회에서 그런 사람을 찾는 것은 이미 식은 죽 먹기가 되어 버렸다. 그래서인지 최근에 60퍼센트의 높은 지지를 받으며 퇴임한 미국의 버락 오바마(Barack Obama) 전 대통령을 부러운 시선으로 바라보는 사람이 많다. 최근 우리나라 현실이 말이 아닌 상황인지라 더 그럴 것이다. 심지어 퇴임하는 그를 데려다가 우리나라 대통령으로 앉히면 좋겠다는 자조 섞인 얘기까지 나오기도 한다.

척 스윈돌(Chuck Swindoll) 목사가 이런 얘기하는 걸 들었다. 그분의 멘토가 세상을 떠났는데 공교롭게도 주일에 그 소식을 듣게 되었다고 한다. 부목사는 스윈돌 목사에게 전보를 전하며 '이분이 과연 오늘 설교를 할 수 있을까?' 걱정했다고 한다. 그런데 스윈돌 목사는 강단에 올라 성도들에게 이 소식을 전하며 이렇게 소리를 질렀단다.

"Hallelujah! He finished well! He finished well!"(할렐루야! 그분이 잘 끝냈다)

마지막까지 잘 끝내는 게 얼마나 큰 축복인지 모른다.

네 가지 유형의 리더

마지막까지 잘 끝내는 것은 모든 리더의 바람이자 리더가 풀어야 할 숙제다. 그런데 안타깝게도 모든 리더가 마무리를 잘하는 것은 아니다. 성경에 나온 인물들과 우리의 삶을 분석해 보면 리더는 크게 네 가지 유형으로 나눌 수 있다.

바람과 함께 사라진 리더

한때 굉장히 잘나갔지만 어느 순간 바람과 함께 사라진 사람이다. 그때 분명히 두각을 나타냈는데 지금은 어디서 무얼 하는지 알 수가 없다. 중간에 바람처럼 존재감도 없이 사라져 버린 것이다.

주전자 속의 개구리 같은 리더

뜨거운 물에 개구리를 넣으면 단번에 팍 튀어나온다. 하지만 미지근한 물에 개구리를 넣고 서서히 온도를 올리면 결국 빠져나오지 못하고 죽는다. 주전자 속의 개구리 같은 리더도 마찬가지다. 성장 없이 정체되어 있는 리더는 실제로는 천천히 죽어 가며 그 영향력도 줄어드는데 정작 자기만 죽어 가는 걸 모른다.

도중하차한 이무기형 리더

등용, 잠룡, 용안 등의 말에서도 알 수 있듯 우리나라 사람들은 용을 좋아한다. 그런데 용과 비슷하면서도 용이 되지 못한 이무기가 있다. 이무기는 상당한 영력도 있고 나름 폼도 잡을 줄 안다. 하지만 결국 여의주를 물고 날지 못한다. 도중하차한 이무기형 리더는 용이 될 수 있었는데 중간에 스캔들이 생겨 결국 이무기로 끝나는 사람이다.

끝까지 영향력을 발휘하는 리더

안타까운 일이지만 이 유형의 리더는 그리 많지 않다. 불과 10퍼센트 정도만 끝까지 영향력을 발휘하는 것 같다. 우리 주변에서도 이런 리더를 찾아보기가 힘들다. 역대 대통령을 봐도, 성경에 나온 인물들을 봐도 그렇다. 그렇게 존경을 받던 사람이 마지막에 가서 "저분 왜 저러지"라는 말을 듣는 경우가 허다하다. 대개 권력의 문제, 명예의 문제, 돈의 문제 등이 불거지기 때문이다. 실로 가슴 아픈 일이 아닐 수 없다.

당신은 하나님 앞에서 어떤 리더로 평가 받고 싶은가? 역사에 어떤 리더로 기록되고 싶은가? 그렇다면 지금 당장 인생의 큰 그림뿐 아니라 마지막 그림을 보고 어떻게 살 것인지를 생각하고 결정하라.

유종의 미를 가로막는 장애물

리더라면 누구나 마지막까지 잘해 내고 싶을 것이다. 그러나 앞서 봤듯이 그게 결코 녹록치 않다. 열 명 중 한 명만이 끝까지 잘한다는데, 이유가 뭘까? 유종의 미를 가로막는 몇 가지 장애물을 살펴보자.

첫째, 돈이다. 성경은 돈을 사랑하는 것은 일만 악의 뿌리라고 했다. 정말 그렇다. 뇌물을 받아 쫓겨나는 사람도 있고, 공금을 횡령해 고발을 당하기도 한다. 돈 문제로 도중에 낙마하는 사람이 수두룩하다. 돈이면 다 된다는 황금만능주의 세상에서 돈의 유혹을 뿌리치기란 쉽지 않을지도 모른다. 하지만 리더는 이 문제에서 깨끗해야 한다.

둘째, 잘못된 성의 문제다. 이것도 주위에서 자주 발견되는 문제로, 잊을 만하면 한 번씩 터진다. 크리스천이라고 예외는 아니다. 목회자들 중에도 이 같은 문제로 물의를 빚고 충격을 주는 일이 빈번하다. 리더로서 끝까지 잘하고 싶다면 각별한 주의를 기울여야 할 부분이다.

셋째, 권력(파워)이다. 한번 권력의 맛을 본 사람은 좀처럼 그것을 놓지 않으려 한다. 어떤 사람은 자신의 권력을 유지하기 위해서 무리수를 두다 어려움을 겪기도 한다. 그런가 하면 권력을 남용하거나 자신의 권력을 과시하다가 큰코다치기도 한다.

"대한민국의 주권은 국민에게 있고, 모든 권력은 국민으로부터 나온다." 대한민국 헌법 제1조 2항이다. 평소 어렵게만 느껴지던 헌법과 법률이 요즘 자주 매스컴에 등장하는데, 굳이 헌법을 들먹이지 않아도 크리스천은 안다. 그것이 어디에서 왔는지를. 권력은 특정 기간 동안만 리더에게 위임된 것이다. 리더의 것이 아니라는 얘기다. 따라서 권력은 리더 개인이 독점할 수 없다. 또한 권력을 가졌다고 해서 그것을 이용해 자신의 이익을 추구해서는 안 된다.

넷째, 교만이다. 리더의 자리에 있으면 자기 마음대로 할 수 있다고 착각하는 이들이 있다. 그들 때문에 우리 사회에서 소위 말하는 갑질이 사라지지 않고 있다. '땅콩 회항',

주차요원을 무릎 꿇게 한 '백화점 모녀 사건' 등 전 국민의 공분을 샀던 사건이 한둘이 아니다.

TV 토크쇼에 나와서 자신의 실수담을 이야기하던 로버트 슐러(Robert Schuller) 목사를 잊을 수 없다. 그는 미국 사회에 긍정적인 사고(Positive Thinking)로 영향을 준 정신적 지도자로서 인기가 대단한 사람이었다.

그런 그에게 씻을 수 없는 치욕적인 사건이 발생했다. LA에서 뉴욕으로 가는 비행기 안에서 멕시칸 계통의 남자 스튜어드와 가벼운 말다툼을 벌이다 그를 밀어붙였고 이에 화가 난 스튜어드가 로버츠 슐러 목사를 고발한 것이다.

슐러 목사는 토크쇼에 출연해 그 사건에 대해 이렇게 설명했다. 항상 목사 가운을 가지고 다니던 슐러 목사는 스튜어드에게 그것을 걸어 달라고 여러 번 부탁했으나, 스튜어드는 잠시만 기다리라고 할 뿐 즉각 반응을 보이지 않았다. 세계적인 명사인 자신에게 이렇게 차가운 반응을 보인 사람은 없었다. 물 한 잔을 달라고 해도 이미 기분이 상한 스튜어드는 퉁명스러울 뿐이었다. 자존심이 상한 슐러 목사는 참지 못하고 홧김에 스튜어드의 어깨를 두 손으로 붙잡고 살짝 흔들면서 언성을 높였다고 한다.

"Don't you know who I am?"(너, 내가 누군지 몰라?)

사회적인 지위가 자신은 큰 힘을 가진 리더라고 오판하게 만들었고, 결국 자신에게 불친절했던 승무원을 힘으로 누르려다가 사회적 물의를 일으킨, 부끄러운 사건의 주인공이 되고 만 것이다.

성숙한 사람은 욕심이 없는 사람 같다. 욕심이 있으면 결국 교만과 권력의 문제에 빠질 수밖에 없기 때문이다. 그런데 세상에 욕심이 없는 사람이 어디 있겠는가. 그러므로 성숙한 사람은 욕심이 적은 사람, 욕심을 잘 컨트롤하는 사람이라고 할 수 있다. 사람들 중에 "나는 욕심이 없어"라고 말하는 이들이 있는데 그것도 욕심이고 교만이다. 성숙한 리더는 자신의 욕심을 하나님 앞에 내려놓을 수 있는 사람이다.

다섯째, 가족과 친지, 자녀다. 리더는 자기관리 못지않게 가족이나 친지, 자녀 등도 잘 관리해야(?) 한다. 역대 대통령을 봐도 자녀나 형제, 친지들이 문제를 일으켜 수감된 사례가 여럿 있다. 선거에 출마했다가 이 같은 문제가 불거져 도중에 하차하거나 전세가 역전된 경우도 있다. 리더가 되고 싶다면, 그것도 끝까지 잘 마무리하려면 이 부분도 신경 써야 한다.

여섯째, 무사안일주의다. 좋은 게 좋은 거라고 그냥 좋게 좋게 하다가는 현실에 안주할 수 있다. 뭐든지 쉽게 하고자 조그마한 도전도 피한다면 성장은 멈출 수밖에 없다. 그리고 계속 정체되어 있는 리더를 따르고 싶어 하는 팔로어는 없다. 끝까지 영향력을 발휘하는 리더가 되고 싶다면 도전을 두려워하지 말고 전진하라.

일곱째, 정신적 심리적 질환이다. 공황장애나 우울증 등의 질환이 있다면 더 이상 리더의 역할을 수행하기 어렵다. 그렇지 않아도 심리적인 압박이나 스트레스가 심한데 그런 질병까지 얻게 된다면 더더욱 견디기 힘들 것이다. 리더가 육체적 건강뿐 아니라 정신적 영적 건강도 챙겨야 하는 이유다.

멋진 피날레를 위하여

이제 끝까지 영향력을 발휘하는 리더가 되기 위한 방법을 알아보자. 멋진 피날레를 위해 도움이 될 만한 몇 가지를 나누고자 한다.

첫째, 리더십의 시각이 필요하다. 앞에서 얘기했듯이 인생의 큰 그림과 마지막 그림을 볼 수 있는 리더십의 시각을 가져야 한다. 이 리더십의 시각을 가질 때 우리는 자신의 과거와 현재, 미래를 볼 수 있다. 하나님께서 당신의 계획에 따라 우리를 리더로 세우시는 것을 볼 수 있다면 우리는 끝까지 잘해 낼 수 있다.

둘째, 부흥과 각성이다. 말씀과 기도로 계속해서 하나님과 깊은 교제 가운데 들어가지 않으면 우리는 결코 끝까지 잘할 수가 없다. 하나님과 교제하지 않으면 우리는 자꾸 다른 방법, 다른 길을 찾게 마련이다. 다른 것들을 붙잡고 의존하게 되고 그렇게 되면 우리는 마지막까지 갈 수가 없다.

훈련과 극기도 도움이 된다. 마지막까지 어떻게 계속해서 자기 자신을 훈련시키는가가 관건이다. 사도 바울도 내 몸을 쳐서 복종시킨다고 했다. 여기에는 좋은 것에도 No라고 얘기할 수 있는 훈련도 포함된다. 리더는 때로 좋은 것에도 '아니오'라고 말할 수 있어야 하기 때문이다. 보통 안 좋은 것에는 No라고 말하기 쉽지만, 좋은 것을 거절하는 데는 절제와 용기가 필요하다. 이는 훈련을 통해 얻을 수 있다.

리더는 누가 뭐라고 하지 않아도 스스로 절제할 줄 알

아야 한다. 이 훈련이 되어 있지 않으면 언젠가 문제가 된다. 특히 한국 사회에서는 더 그런 것 같다. 아무도 시비하지 않는다고 해서 괜찮다고 여기면 나중에 문제가 된다. 청문회를 보라. 어떤 문제가 드러나면 사람들은 하나같이 오랜 관행이라 따랐을 뿐이라는 궁색한 변명을 한다. 경우에 따라 그것이 결격사유가 되어 공직에 나가지 못하는 걸림돌이 된다.

셋째, 배움의 자세다. 리더는 끊임없이 배워야 한다. 어떤 학위를 취득하라는 얘기가 아니라 자신의 성장을 위해 계속해서 연구하고 준비하고 공부하라는 얘기다. 많이 알면 알수록, 또 리더를 오래하면 할수록 자신이 다 안다고 착각해서 배우려 하지 않는다. 끝까지 잘하려면 이런 착각에서 깨어나 배움의 자세를 견지해야 한다. 배우려는 마음만 있으면 책이나 세미나를 통해서, 사람을 통해서, 여행을 통해서, 경험을 통해서 얼마든지 배울 수 있다.

넷째, 멘토다. 계속해서 나와 함께할 수 있는 멘토가 필요하다. 물론 정말 중요한 때, 중요한 문제가 생겼을 때 도와줄 수 있는, 소위 말하는 기회적인 멘토(occasional mento)도 있어야 한다. 그런 사람이 있다면 우리는 어려운 고비를 잘 넘길 수 있고, 어떤 위기가 닥쳐도 헤쳐 나갈 수 있다.

미국의 공동묘지는 매우 깨끗해서 마치 공원 같다. 나는 가끔 그곳을 찾아 사람들의 비문을 살펴보곤 했다. 비석에는 보통 사람 이름과 그가 언제 태어나서 언제 죽었는지 그리고 짤막한 글이 적혀 있다. "Gone but not forgotten", "To lovely mother" 같은.

당신은 당신의 비문에 어떤 글이 새겨지기를 원하는가? 만약에 지금 당신이 세상을 떠난다면 사람들은 당신의 비문에 어떤 글을 남길까? 당신은 어떤 사람으로 기억되고 싶은가? 앞길이 창창한데 웬 비문이냐고 하지 말고 준비하는 마음으로 한번 생각해 보라. 비문에는 자신의 인생관, 가치관이 담긴다. 비문을 작성해 보는 것으로 인생의 마지막을 볼 수 있다면 현재의 삶은 달라질 수밖에 없다.

나는 이렇게 지어 봤다.

"하나님의 나라에 임팩트(impact)를 끼친 자 여기 곤히 잠들다."

하나님의 관점에서 이 말을 들을 수 있다면 정말 좋겠다. 인생의 마지막 순간까지 이 마음을 품고 끝까지 잘 마무리할 수 있기를 소망한다.

당신은 하나님 앞에 어떤 리더로 평가 받고 싶은가?

부교역자 리더십

실전 TALK

Q1 담임목사로서 부교역자들과 더불어 팀 빌딩을 위해 가지는 특별한 시간이 있습니까? 효율적인 팀워크 향상을 위한 팁이 있습니까?

A 팀은 같은 목적을 가진 사람들이 모인 것이므로 서로 간에 신뢰가 우선되어야 합니다. 담임목사와 부교역자, 그리고 부교역자와 부교역자 간에 동역자로서 믿음이 있어야 하고, 서로의 역할과 전문성에 대한 존중이 있어야 합니다. 부교역자와 시간을 갖기 위해 정기적인 회의를 가질 뿐 아니라 사역별 미팅을 하기도 합니다. 교회마다 문화와 가치가 다르므로 단 한 가지 팀 빌딩을 강조할 수는 없지만, 담임목사로서 내가 중요하게 여기는 팀 빌딩은 음식을 함께 나누는 밥상 공동체입니다. 그래서 회의를 하기에 앞서 함께 식사를 하며 음식을 나누는 시간을 갖습니다. 식사를 하며 개인적인 이야기와 관심사를 논의할 때 서로에 대한 이해뿐만 아니라 팀워크도 자연스럽게 강화되는 것을 경험합니다. 부부 동반 식사와 영화 감상, 또는 여행 등을 통해 서로 가까워질 때 더 좋은 팀 사역과 협력이 이루어지는 것을 봅니다. 거기에 들어가는 비용은 그만한 가치가 있다고 생각합니다.

Q2 부교역자와 담임목사 간의 신학적 차이를 어떻게 받아들여야 합니까?

A 신학적 차이가 본질의 차이라면 같이할 수 없겠지만, 그것이 비본질의 개인적 차이라면 품을 수 있어야 한다고 봅니다. 지구촌교회는 침례교회이지만, 다양한 교단 출신의 부교역자들이 사역하고 있습니다. 교단의 배경이 다르고 신학이 달라 사역하면서 어려움이 있지 않을까 염려할 수 있지만, 오히려 서로 다른 교단의 배경과 사역적 경험은 신학적 차이의 갈등을 넘어 독특한 사역과 철학을 만들 뿐만 아니라 서로 이해하고 수용할 수 있는 계기가 되고 있습니다.

Q 3 현재 맡고 있는 사역에서 소명을 발견하지 못하고 자리보전만 하고 있다면 어떻게 해야 합니까?

A 목회자로 헌신했다면 기본적으로 소명이 없고 자리보전만 하려는 교역자는 없을 것입니다. 다만 현재 맡고 있는 사역이 자신의 은사와 재능, 그리고 위치와 역할에 맞는 일인가, 자기 옷을 입고 있는가, 적절한 사역과 역할에 참여하고 있는가 하는 점을 살펴보아야 할 것입니다. 혹시 자신의 은사가 아니거나 사역 경험이 없고 훈련이 되지 않아 전문성이 없어서 효과적인 사역이 이루어지지 않을 수 있습니다. 저의 경우, 도덕적인 이유나 신학적인 이유가 아니라면 포기하지 않고 부교역자가 최대한 성장할 수 있도록 도와주려 합니다. 그러면 성장을 통해 자라가든지 아니면 스스로 자리를 떠나든지 하나님의 옮기심의 인도를 받든지 합니다. 그러나 그 어떤 결과에도 모두 감사와 신뢰를 경험할 수 있었습니다.

Q 4 **부교역자와 담임목사로서 각각 역할을 감당하셨는데, 각각의 역할에서 어떤 점이 어려웠습니까? 그것을 어떻게 극복하고 있습니까?**

A 지금 담임목사로서 갖는 가장 큰 어려움은 영적 부담감입니다. 부족한 사람이 어떻게 교회를 이끌어 갈 수 있을까 하는 부담감과 서로 다른 성도들의 필요를 하나님의 말씀과 은혜로 어떻게 채우며 도울 수 있을까 하는 무게감이 있습니다. 주님의 은혜를 구하며 그분을 의지하는 수밖에 없는 듯합니다. 목회는 내 능력으로는 정말 감당할 수 없는 일이기 때문입니다. 부교역자로서 가장 어려웠던 점은 저의 미성숙함이었다고 생각합니다. 사역과 인생의 경륜이 없어서 겪게 되는 시행착오와 부족함… 지금도 돌아보면 창피하고 부끄러울 따름입니다. 누구나 지나가는 과정이지만 배워야 할 것을 배우지 못하고 느껴야 할 것을 느끼지 못한다면 그다음의 성장은 힘들 것입니다. 늘 배움의 자세로 겸손히 그러나 최선을 다하는 것이 중요합니다. 모든 것이 다 연결되어 있고 적용되며 중요한 기회가 될 수 있습니다.

Q 5 부교역자로서 은퇴할 경우 대책이 있을까요?

A 인생의 큰 그림과 마지막 그림을 볼 수 있는 리더십의 시각을 가져야 합니다. 그 시각을 가지면 우리 자신의 과거와 현재, 미래를 볼 수 있고, 하나님의 계획과 마음을 이해할 수 있습니다. 우선 모든 부교역자가 담임목사가 되어야 한다는 생각을 버려야 합니다. 담임목사는 그럴 만한 은사를 갖춘 사람이 해야 한다고 생각합니다. 앞으로 전문성을 가진 부교역자가 많이 나타나야 합니다. 그리고 은퇴는 미리미리 준비해 나가야 합니다. 물론 부교역자로서 은퇴하는 것은 교회와 사역의 여건상 결코 쉽지 않은 상황입니다. 그러나 자신이 감당한 이전의 사역과 현재의 역할을 통해 장기적인 사역에 대한 분명한 철학과 방향을 가지고 있다면 그것으로써 은퇴 준비는 어느 정도 마련되었다고 볼 수 있습니다. 특별히 현실적으로 모든 부교역자가 담임목사가 될 수 없으므로, 담임 목회뿐만 아니라 전문성을 띠는 다양한 사역, 그리고 이중직에 대한 폭 넓은 접근이 필요합니다. 물론 주님의 은혜와 인도하심이 우선되어야 할 것입니다.

Q 6 담임목사의 사모가 교회 내에서 더 큰 영향력을 가질 때 부교역자는 어떻게 대처해야 합니까?

___

A 담임목사의 사모가 교회 안에서 담임목사보다 더 큰 영향력을 발휘하고자 할 때 부교역자의 처신이 참 어렵습니다. 특히 담임목사의 사모가 부교역자들의 사모들을 존중해 주지 않을 때 더 어려워집니다. 지혜와 기도가 필요한 상황입니다. 한편, 부교역자는 담임목사의 리더십을 인정해 주듯, 담임목사의 사모를 존중하고 인정해 주는 노력과 마음가짐이 필요합니다. 뿐만 아니라 목회자로서 당당함과 초월함의 성숙이 필요할 것입니다.

Q 7 담임목사 외에 부교역자가 갈 수 있는 사역 방향은 무엇일까요?

A 우리는 4차 산업혁명 시대를 살고 있습니다. 이전 시대에서는 경험하지 못한 인공지능과 로봇 공학, 사물인터넷 등이 빠르게 발전하고 있고, 이것들이 사회와 경제, 산업 등의 모든 분야를 빠른 속도로 변화시키고 있습니다. 이에 따라 교회도 이전과는 다른 상황과 변화를 맞고 있습니다. 따라서 이전 사역처럼 반드시 담임목사가 사역의 최종 목표가 아니라, 자신의 은사와 재능을 발휘할 수 있는 팀 사역의 중요성이 대두되고 있습니다. 전문 사역자의 양성과 역할, 그리고 사역 방향이 중요한 때입니다. 이미 앞에서도 언급했지만, 담임목사는 교회 전체를 이끌어야 하기에 다양한 분야의 지식과 정보를 두루 갖추어야 하는 제너럴리스트이지만, 부교역자는 특정 분야에서 뛰어난 능력을 갖춘 스페셜리스트가 되어야 합니다.

이를 위해 먼저 신학교가 담임 목회를 위한 훈련뿐만 아니라 다양한 전문 사역을 개발할 수 있는 커리큘럼을 제공할 수 있어야 합니다. 교회도 이에 부응해 전문 사역자의 역할과 책임을 인정하고 그에 상응하는 대우를 해 줌으로

써 장기적이고 전략적인 사역을 준비해야 합니다. 한편, 앞으로 직업을 가지면서 사역을 하는 이중직도 고려해야 합니다. 이는 단순히 교역자의 생계를 해결하기 위해서이거나 교회 재정 문제에 직면해서 돌파구를 찾기 위함이 아닙니다. 이중직을 통해 세상 속에서 영향력을 끼칠 수 있을 뿐만 아니라 복음 증거의 계기가 될 수 있습니다. 물론 교회의 다양한 필요와 역할을 볼 때 이중직이 사역에 집중하기 어렵다는 한계가 분명히 있지만, 팀 사역의 다양성과 전문성을 인정하고 사역할 수 있다면, 충분히 그 한계를 보완하면서 사역할 수 있을 것입니다.

Q 8 부교역자가 이것만큼은 타협해서는 안 된다는 것이 있다면 무엇입니까?

A 목회자로서 하나님의 말씀을 붙잡고, 그 말씀과 씨름하는 것이 가장 중요하다고 생각합니다. 물론 말씀을 증거하는 자리가 많지 않거나 혹은 장년이 아닌 주일학교 설교이다 보니 부담감이 적을 수 있습니다. 하지만 하나님의 말씀은 최고 혹은 최후가 되어야 하기에 대상과 환경에 따라 그 중요성이 달라져서는 안 됩니다. 따라서 하나님의 말씀은 가장 중요한 가치와 우선순위가 되어야 합니다. 목회자는 하나님의 말씀과 그 말씀을 통한 기도로 하나님과 깊은 교제 가운데 들어가야 합니다. 다른 방법으로 일시적으로 원하는 바를 성취할 수 있을지 모르나, 오래가기는 힘듭니다. 그러므로 말씀을 붙들고 하나님과 교제하는 삶만큼은 절대 놓치지 말기를 당부하고 싶습니다.

Q 9 사업자적인 마인드를 가진(특별히 숫자를 중요하게 여기는) 담임목사를 볼 때 부교역자들은 어떻게 해야 합니까?

A 이 질문은 무척 중요하고도 건강한 질문이라고 생각합니다. 어쩌면 목회자들이 마음으로 가장 중요하게 여기지만 쉽게 인정하지 않는 것이 숫자를 위해 애쓰고 노력하는 모습이 아닐까 합니다. 실제로 목회 현장에서 숫자에 대해 온전히 자유로울 수 있는 목회자는 매우 적을 것입니다. 그럼에도 숫자를 중요하게 여기는 담임목사를 비판할 것이 아니라 거기서 배울 것과 배우지 말아야 할 것을 분별하고, 분별한 대로 살아가기 위한 고민을 할 수 있어야 합니다. 긍정적인 만남뿐만 아니라 부정적인 만남에서도 중요한 배움과 성장의 기회가 있듯이, 직면한 사역 환경과 상황에서 무엇을 배우고 훈련 받느냐는 전적으로 우리의 선택에 달렸고 그 책임도 우리 자신에게 있습니다.

제가 부목사로 있을 때 담임목사님이 제 사무실로 한 번도 찾아온 적이 없습니다. 제게 관심이 전혀 없는 것 같아 얼마나 섭섭했는지 모릅니다. 저는 그때 생각했습니다. 내가 담임목사가 되면 부교역자의 사무실을 방문하고 그들의 사역 현장에서 그들을 만나는 목양의 사역을 하겠노라고.

그리고 지금 그렇게 하고 있습니다. 그런데 또 다른 고민이 생겼습니다. 저는 사랑과 격려라고 생각해서 찾아가는데, 그들은 감시와 점검이라고 생각하지 않을까 하는 염려가 그 것입니다.

Q 10 성도가 담임목사를 비판하고 비난할 때 어떻게 반응해
야 할까요?

A "사울이 죽인 자는 천천이요 다윗은 만만이로다"는
백성들의 소리를 듣고 사울 왕은 분별력을 잃고 다윗을 제
거하려 했습니다. 그때부터 다윗은 도망자 신세가 되어 생
명의 위협을 느껴야 했습니다. 물론 다윗이 백성들의 소리
를 듣고 사울 왕을 무시하거나 자신이 더 위대한 리더가 된
것처럼 행동하지 않았지만, 우리는 다윗이 처한 상황을 통
해 비판과 비난 앞에서 지혜롭게 처신하는 방법을 발견할
수 있습니다. 사실 성도가 부교역자에게 담임목사에 대해
비판할 수 있습니다. 그러나 때론 부교역자를 떠보기 위한
비판일 수도 있습니다. 어떤 경우든 부교역자가 성도의 비
판과 비난에 동조하거나 인정한다면, 나중에 담임목사와 성
도의 관계가 좋아졌을 때 부교역자는 어려움에 처할 수 있
습니다. 따라서 비판과 비난을 들었을 때 최대한 조심스럽
게 반응해야 합니다. 이때 무엇보다 하나님께서 세우신 권
위를 인정하는 자세와 마음을 견지하도록 노력해야 합니다.
그리고 부교역자는 담임목사 편에 서야 합니다. 물론 이 말
은 담임목사가 틀려도, 잘못해도 무조건 용납하고 수용하라

는 얘기는 아닙니다. 비판과 비난의 내용이 신학적인 문제나 도덕적인 문제가 아니라면 부교역자는 담임목사를 돕는 역할에 충실해야 합니다. 담임목사의 입장에서 이해하려고 노력한다면 비판과 비난의 딜레마에서 지혜롭게 대처할 수 있을 것입니다.

Q 11 교회의 장기 계획이 이제 막 바뀌었을 때, 부교역자가 현장에서 나름대로 세운 장기 계획을 수정해야 할까요?

A 먼저는 교회의 장기 계획 안에서 부교역자의 사역 계획이 이루어져야 합니다. 그리고 그 장기 계획이 담임목사로부터 왔다면 부교역자는 목회 리더십을 인정하고, 자신이 맡은 사역에 교회의 비전과 사명이 이뤄질 수 있도록 최선을 다해야 합니다. 그러기 위해서는 필요한 경우 담임목사와 대화를 통해 장기 계획을 수정할 필요가 있습니다. 부교역자의 사역 계획이 교회의 계획보다 우선하면 교회의 정체성과 사역의 비전을 제대로 이해하지 못해 불협화음을 일으킬 수 있습니다. 부교역자는 그 자리에 부르신 사명을 기억하며 교회 장기 계획 안에서 자신의 사역 계획을 수립하는 것이 필요합니다.

Q 12 만약 술 마시는 동역자가 있다면 어떤 조언을 해 줄 수 있을까요?

A 분명한 것은 목회자의 음주는 본이 되지 않습니다. 하지만 음주하는 동역자에 대한 자신의 태도가 감정적인 것인지, 신학적인 문제로 인함인지, 관계적인 문제로 인함인지 먼저 이해할 필요가 있습니다. 요컨대, 동역자의 음주 문제에 대해 사랑으로 접근하라는 것입니다. 무조건 정죄하는 태도는 옳지 않습니다. 한편, 교회는 덕을 세우기 위해 이 같은 문제가 발견되었을 때 일단 덮고 넘어가자고 하기 쉬운데, 그것이 오히려 교회의 덕을 세우지 못할뿐더러 그 당사자에게도 도움이 되지 않을 수 있습니다. 따라서 교회와 당사자 모두에게 도움이 되는 길을 기도하며 찾아야 합니다.

Q 13 맡겨진 사람들의 요구와 담임목사의 요구가 다를 때 어떻게 하는 것이 지혜로운 걸까요?

A 어느 누구든 모든 사람들의 요구와 필요를 만족시킬 수 없습니다. 따라서 당장 눈앞에 닥친 필요가 정말 필요하고 중요한 것인지를 분별할 필요가 있습니다. 그리고 담임목사의 요구가 성도들의 요구와 다른 이유와 상황을 정확하게 이해하고 담임목사와 지혜롭게 대화해야 합니다. 부교역자이기 때문에 담임목사의 요구를 무조건 따라야 하는 것은 아닙니다. 그러나 먼저 담임목사가 처한 상황을 이해하고, 충분한 대화와 소통을 통해 합의점을 찾는 것이 중요합니다. 그런 다음 자신이 감당해야 할 몫을 감당해야 합니다.

Q 14 목사님이 생각하시는 좋은 부교역자와 좋지 않은 부교역자는 누구입니까?

A 좋은 부교역자는 신실하고 자신의 역할을 충실히 감당하는 분입니다. 그런데 맡겨진 일을 잘하는 것보다 최선을 다하려는 마음이 더 중요합니다. 마음, 즉 Heart가 가장 중요합니다. 가장 안 좋은 부교역자는 성장하지 않는 사람입니다. 맡겨진 일을 못하는 것은 얼마든지 그럴 수 있다고 생각합니다. 하지만 고민하지 않고, 노력하지 않고, 자리만 보전하려는 사람은 자신에게나 공동체에게나 결코 유익이 될 수 없습니다. 그런 교역자를 보면 참 안타깝습니다.

Q 15 평소 부교역자들을 어떻게 교육하고 훈련하고 있습니까? 부교역자들의 자기계발을 위해 어떻게 돕고 계신지요?

A 담임목사가 함께 일하는 동역자를 세우고 훈련하여 성장시키는 것은 매우 중요한 일입니다. 부교역자는 교회 내에서 최고 리더, 최고 결정권자가 될 수는 없지만, 담당 공동체 안에서는 담임목사에게 위임 받은 리더입니다. 따라서 리더십을 발휘할 수 있는 자기계발이 필요합니다. 지구촌교회는 매주 화요일 부교역자들에 대해 사회 전반적인 이슈를 주제로 다양한 강의를 진행하고 있습니다. 또 교회 내 세미나와 수련회, 그리고 외부 훈련기관에서 진행되는 프로그램에 참여할 수 있도록 재정을 후원하고 휴가를 지원하고 있습니다. 분명한 사실은, 부교역자들의 자기계발은 단순히 개인의 성장에서 멈추지 않고, 교회 성장의 견인이 되는 까닭에 매우 중요합니다.

Q 16 모든 목회자들이 그렇듯이 부교역자의 고민도 설교라고 생각합니다. 설교에서 중요한 것은 무엇입니까?

A 첫째, 설교자의 믿음입니다. 하나님의 말씀은 하나님의 백성을 위한 것이라는 믿음입니다. 다시 말해 하나님의 말씀을 전하는 메신저로서 그 메시지가 누구를 향하는 것인가를 정확하게 이해하고 그들에게 말씀이 심어진다는 믿음을 가져야 한다는 것입니다. 제가 자주 인용하는 말이 있는데 "설교는 사람들에게 깊은 인상을 주려고 하는 것이 아니라 하나님을 표현하기 위해 하는 것이다"(Preching is not impress people but to express God)는 것입니다. 그러므로 설교자는 하나님께서 성도(congregations) 한 영혼 한 영혼을 향해 주시고자 하는 메시지가 있음을 믿어야 합니다.(God has message for them) 이것은 한 해 동안 전해지는 일반적인(general) 메시지가 아닙니다. 바로 오늘 주시는 메시지입니다. 그렇다면 설교자는 이 믿음으로 하나님 앞에 간구해야 합니다. "하나님 오늘 이 사람들을 향해서 무슨 말씀을 전하기 원하십니까?" 그리고 하나님께 질문해야 합니다. "What is your message?"

둘째, 설교자의 열정을 구성하는 가장 중요한 핵심은 사랑입니다. 그래서 나는 열정의 크기는 사랑의 크기와 비례하며, 영혼에 대한 사랑이 청중을 향한 설교의 열정이라고 생각합니다. '내가 정말 그들을 사랑하는가?' 사랑한다면, 사랑의 대상은 수단이 아니라 목적이 되어야 합니다. 내가 설교하고 목양하는 가장 중요한 이유가 그것을 통해서 무엇을 이루고자 하는 것이 아니라 한 영혼 한 영혼에 대한 사랑 때문이어야 한다는 것입니다.

셋째, 소망입니다. 소망은 다른 말로 하면 영혼이 변화되기를 바라는 것입니다. 목양의 궁극적 목적은, 내가 목양하는 사람들이 변화되는 것입니다. 그들이 하나님의 축복의 통로가 되고 하나님의 말씀대로 이루어지길 원하는 것입니다. 그렇다면 설교자는 설교를 통해 그들이 일주일 동안 삶의 자리에서 말씀을 적용해서 한 가지라도 변화될 수 있도록 해야 합니다. 그런데 이것은 기도로 준비해야 가능합니다. 그래서 설교에서 마지막으로 중요한 것이 바로 기도입니다.

Q 17 새로운 환경에서 사역할 때마다 부교역자로서 자기 리더십의 스타일을 바꿔야 할까요?

A 리더십 유형(스타일)은 크게 두 가지가 있습니다. 상황이 바뀔 때마다 리더십이 바뀌어야 좋은 리더라고 생각하는 리더가 있는 반면, 리더십 스타일이 상황에 따라 바뀌는 것에 대해 힘들어 하는 리더가 있을 수 있습니다. 따라서 부교역자는 리더십 스타일에 대해 이러한 견해가 있다는 것을 먼저 이해해야 합니다. 그리고 새로운 환경에서 사역할 때 자신을 따르는 자들의 성숙도와 상황을 점검한 뒤 자신의 사역의 역할을 조정, 변경, 수용할 수 있는지 자신을 돌아봐야 합니다. 그럴 때 그 리더십 유형을 통해서 함께하는 사람들의 역할과 영향력이 극대화될 것입니다.

그러나 부교역자로서 자신이 어떤 리더십 유형이든지 간에 톱 리더의 리더십 스타일이 자신과 다르고, 조정할 수 있는 상황이 아니라면 자신의 리더십의 유형이 맞는 곳으로 가는 것이 좋을 것 같습니다. 가령 일 중심의 리더십 스타일은 아주 어려운 상황이나 아주 잘되는 상황에서 리더십을 더 효과적으로 발휘할 수 있습니다. 반면 관계 중심의 리더십 스타일은 무난한 곳에서의 사역이 더 잘 맞을 것입니다.

Q 18 우선순위를 정해 놓았음에도 형편이 안 돼 지킬 수 없을 때도 있고, 과부하가 되기도 합니다. 어떻게 해야 할까요?

A 앞에서 우리가 하는 일은 중요하고도 급한 일, 중요하지만 급하지 않은 일, 급하지만 중요하지 않은 일, 중요하지도 급하지도 않은 일이 있다고 말씀드렸습니다. 지금 하고 있는 일이 이중 어느 것인가를 분별해서 일의 시급성과 중요성에 따라 순서를 정해 진행하는 훈련이 필요합니다. 물론 순위를 정해 놓았어도, 지킬 수 없는 상황이 발생하기도 하고, 일이 너무 많아 과부하가 되기도 합니다. 하지만 그런 중에도 정말 중요한 일이 무엇인지, 내가 꼭 해야 하는 일이 무엇인지를 알고 있으면, 일을 진행하기가 훨씬 수월합니다. 아는 것과 모르는 것의 차이는 참 크죠. 한편, 함께하는 동역자들에게 도움을 구하는 것도 좋은 방법입니다.

Q 19 부교역자는 언제 교회를 떠나야 합니까?

A 부교역자라도 사역의 전문성과 은사, 그리고 부르심 가운데 떠날 수도, 떠나지 않을 수도 있다는 가능성을 열어 놓아야 합니다. 그리고 부교역자의 떠남은 소명과 사명에 의한 것이어야 합니다. 무엇보다 부교역자는 언제 떠나든지 있는 자리에서 자신은 물론 맡겨진 양들의 변화를 위해 최선을 다해야 합니다. 만일 이 변화가 정체되어 있다면, 그로 인해 힘이 든다면, 하나님의 또 다른 부르심을 생각해야 할 것입니다.

Q 20 목사님은 바쁜 스케줄 가운데 개인적인 시간 관리에 대한 노하우가 있으십니까?

A 담임목사로서 감당해야 할 일이 많다 보니 사실 바쁩니다. 하지만 그렇다고 늘 분주하고 바쁜 것은 아닙니다. 그래서 시간을 계획하고 관리하는 것이 필요합니다. 이는 시간의 효율성과 일의 집중성을 놓치지 않기 위함입니다. 그러기 위해 우선순위에 대해 잘 정리해 놓을 수 있는 자기만의 방법을 찾아야 합니다. 제 경우, 스마트폰 일정 관리에 알람 기능을 설정해 두고 시간을 관리합니다. 그리고 모든 요청과 문의에 대해 무조건 'YES' 하지 않습니다. 때로 'NO' 하는 용기가 필요한 것입니다.